Celebrated for her 20-year tenure across administrative, legal and educational sectors, Deepali boasts a master's in Law from the prestigious Aligarh Muslim University. Beyond her legal prowess, she champions the Indian knowledge system with fervour. As the pioneering founder and chief curator of the acclaimed 'Bharat Literature Festival', she has a burning passion for nurturing education in Indian vernaculars. Her scholarly pursuits also include Indian mythology, ancient scriptures and the richness of the Sanskrit language.

प्राचीन भारतीय शास्त्र जिनकी रचना हजारों वर्ष पहले हुई वे आज भी प्रासंगिक हैं क्योंकि उनमें किसी एक व्यक्ति या राष्ट्र के लिए नहीं अपितु संपूर्ण विश्व के लिए कल्याणकारी नीति, नियम, मर्यादा, समाज उत्थान के उपयोगी सूत्र समाहित हैं। सुश्री दीपाली, संस्कृतनिष्ठ ग्रंथों की ज्ञानमंजूषा से कुछ सूत्रों को सरल हिन्दी व अंग्रेजी में प्रस्तुत करने का आपका यह प्रयास अभिनंदनीय है। हार्दिक शुभकामना।

—**आशुतोष राना**, अभिनेता

This beautiful literary work is not only for those who have keen interest in public policy, governance, statecraft and diplomacy, but also for people from all walks of life; everyone can relate, learn and apply these time tested principles and values in their life. A must read for all!

—**Akshat Gupta**, *author of The Hidden Hindu*

I've carefully read the monograph *The Art of Rule* by Ms Deepali. My experience was rewarding to say the least. Many speak of the governance insights within our classical texts. However, most discussions often address individual texts in isolation thereby lacking a cohesive unity. Ms Deepali's meticulously researched work bridges this gap by integrating pertinent extracts from diverse texts, narratives and scholars, all the unified theme of 'Good Governance and Statecraft'.

I believe this book is not only an essential reading for aspiring administrators and corporate managers but also invaluable for seasoned professionals. It introduces a culturally specific Indian perspective to the theory of governance. I extend my warmest commendations and best wishes to Ms Deepali for this significant contribution.

—**Shri Kapil Kapoor**, *Padma Bhushan awardee* 2023 for Literature and Education

The Art of Rule

151 Shlokas

on Good Governance and Statecraft

Deepali Vasishtha

RUPA

Published by
Rupa Publications India Pvt. Ltd 2023
7/16, Ansari Road, Daryaganj
New Delhi 110002

Sales centres:
Bengaluru Chennai
Hyderabad Jaipur Kathmandu
Kolkata Mumbai Prayagraj

Copyright © Deepali Vasishtha 2023

The views and opinions expressed in this book are the author's own and the facts are as reported by him which have been verified to the extent possible, and the publishers are not in any way liable for the same.

All rights reserved.
No part of this publication may be reproduced, transmitted, or stored in a retrieval system, in any form or by any means, electronic, mechanical, photocopying, recording or otherwise, without the prior permission of the publisher.

P-ISBN: 978-93-5702-799-1
E-ISBN: 978-93-5702-999-5

First impression 2023

10 9 8 7 6 5 4 3 2 1

The moral right of the author has been asserted.

Illustrations: Raj Kumar Ghosh

Typeset: Nutan Graphics, Sahibabad

Printed in India

This book is sold subject to the condition that it shall not, by way of trade or otherwise, be lent, resold, hired out, or otherwise circulated, without the publisher's prior consent, in any form of binding or cover other than that in which it is published.

*Dedicated to
Everyone who believes in the
Indian knowledge system.*

अनुक्रमणिका

Foreword — xiii
Preface — xv

Governance

1. प्रणम्य शासक — 3
2. शासक की न्याय प्रियता — 4
3. शासक की शरण के लाभ — 5
4. महापुरूष की महिमा का आंकलन — 6
5. मन्त्रणा के लिए अयोग्य कौन — 7
6. सेवकों के वेतन की महत्ता — 8
7. शासकहीन राज्य की अवनति — 9
8. सामनीति से स्वतः वशीकरण — 10
9. निर्बाध व्यापार कब असंभव — 11
10. सेवकों से यथोचित व्यवहार — 12
11. शक्तिशाली कब निरंकुश — 13
12. साधु कब असुरक्षित — 14
13. दूत के गुण — 15
14. ऐश्वर्य का स्थायित्व — 16
15. ज्ञानचर्चा का अभाव कब? — 17
16. दुश्चरित्र शासक से संकट — 18
17. शासक के भय से धर्मानुकूल आचरण — 19
18. प्रजा के संकट कारक — 20
19. कुशल दूत के गुण — 21
20. अत्याचारी शासक के अत्याचारी सेवक — 22
21. संकटग्रस्त लोक शासक की सेवा का फल — 23
22. मंत्रालय के लिए उपयुक्तता — 24
23. मंत्री को कार्य विभाजन — 25

24. राजा तथा अमात्य की परस्पर निर्भरता 26
25. न्याय हेतु प्रमाण 27
26. सामर्थ्य का आंकलन 28
27. कार्यसंपादन की नीति 29
28. संधि का उपयुक्त समय 30
29. बालकों से काम लेने की नीति 31
30. राज्य के विरोधी का सुख 32
31. युद्ध अंतिम विकल्प 33

Raj Dharma

1. राजधर्म की आवश्यकता क्यों? 37
2. महान उद्देश्य प्राप्ति हेतु त्याग आवश्यक 38
3. राज्य के उपभोग में सावधानी 39
4. शासक का क्रूर होना कब न्यायोचित 40
5. शत्रु विनाश-शासक का कर्त्तव्य 41
6. शासक के विविध रुप 42
7. शासक का गुप्तचरों से व्यवहार 43
8. शासक कब मृत्यूरुप 44
9. शासक को प्रजा-पालन से लाभ 45
10. श्रेष्ठ शासक कौन? 46
11. शासक भयहीन कब 47
12. धर्मानुकूल आचरण से लाभ 48
13. शासक के न्यायपूर्ण होने की आवश्यकता 49
14. सुखपूर्वक जीवन जीने का मार्ग 50
15. 'कर' निर्धारण का मापदंड 51
16. राजा का व्यवहार कैसा हो? 52
17. विशुद्ध न्याय से प्रतिष्ठा 53
18. पितातुल्य राजा 54
19. राष्ट्र रक्षा सरल नहीं 55
20. दुष्टों से व्यवहार का तरीका 56
21. समानता का अधिकार 57
22. निर्दोष का दंडित करने का अभिशाप 58

Know Your Enemy

1. अकारण शत्रुता का उपचार नहीं	61
2. शत्रु विश्वास योग्य नहीं	62
3. शासकहीन राज्य में अनुशासनहीनता	63
4. शत्रु पर विश्वास-नाशकारक	64
5. बलवान को रुष्ट करने से हानि	65
6. शत्रु और रोग का त्वरित नाश	66
7. कर्त्तव्यपरायण नागरिकों के लिए शासक	67
8. कठोर परन्तु हितकारी	68
9. व्यसनीय राजा का अन्त	69
10. शत्रु-सेवी मित्र से सावधानी	70
11. शत्रु से शत्रु का नाश	71
12. हानिकर अहंकार	72
13. अहंकार सर्वथा त्याज्य	73
14. आत्मास्वरूप मित्र	74
15. शत्रु का समूल नाश क्यों?	75
16. दूसरों की जय से पहले खुद को जय करें	76
17. शत्रु के प्रति सजगता	77
18. बैरी शत्रु से दूरी	78
19. राजा का निदंक कौन?	79
20. राजा की बहुदर्शिता	80

Deception

1. राजा के अहितकारी पुत्र	83
2. शत्रु के सामने शक्ति प्रदर्शन	84
3. बलवान शत्रु का सामना कैसे	85
4. आन्दोलन में नेतृत्व कर्ता को हानि	86
5. शत्रु का वशीकरण	87
6. शत्रु का मारण कैसे?	88
7. गुप्त रीति से सफल कार्यान्वयन	89
8. नीतिज्ञ द्वारा लक्ष्मी प्राप्ति	90
9. शत्रुता छिपाने में बुद्धिमत्ता	91

10. बलवान शत्रु से आचरण	92
11. वशीकरण की विधि	93
12. मौन श्रेयस्कर	94
13. परामर्श सदैव एकान्त में	95
14. मित्रों और शत्रुओं को पहचानने की रीति	96
15. शांत रहना श्रेयस्कर	97
16. प्रतिकूल समय में शांति	98
17. विश्वास	99
18. शत्रु से कूटनीतिपूर्ण व्यवहार	100
19. बिना युद्ध के शत्रु विजय का महात्म्य	101
20. गुप्त शत्रु	102

Decision Making and Diplomacy

1. संतुलित शासक का प्रभाव	105
2. निष्पाप हत्या	106
3. निर्णय से पूर्व परामर्श	107
4. बुद्धिमान कौन?	108
5. किन कार्यों का शीघ्र सम्पादन	109
6. सेवक और आभूषण का उचित स्थान	110
7. याचना सभी से नहीं	111
8. नीतिकुशल राजा सर्वोच्च	112
9. सज्जनता या अभिमान : स्वयं का निर्णय	113
10. राजा का संतुलित व्यवहार	114
11. न्याय प्रशासन में त्वरित निर्णय	115
12. जल्दबाजी का दुष्परिणाम	116
13. स्वविवेक से कार्य न करने वाला राजा	117

People First

1. राजा व प्रजा के मध्य स्नेह	121
2. पूजनीय शासक कौन?	122
3. जनता का प्रिय कौन?	123
4. अत्याचारी शासक का सर्वनाश	124
5. शासकों की उन्नति या नाश	125

6. कल्याणकारी शासक	126
7. प्रजा को आनंदित करने वाला शासक	127

Power of Punitive Action

1. राजा की दंडनीति की महत्ता	131
2. दण्डनीति कब उत्तम	132
3. प्रशासन में दण्डशक्ति का स्थान	133
4. शासक द्वारा स्वेच्छाचारियों को दण्ड	134
5. पथभ्रष्ट कर्मचारियों को दण्ड	135
6. शासक विरोधियों को शासक द्वारा दण्ड	136
7. राज्य की क्षति करने वालों को दण्ड	137

Valour and Sacrifice

1. बल प्रयोग किस पर करें	141
2. मंगलकारी शौर्यवान	142
3. कायरता के मार्ग	143

United We Stand

1. असंगठित का पतन अवश्यम्भावी	147
2. रक्त संबंधों में परस्पर एकता	148
3. संगठन में बल	149
4. संगठन में शक्ति	150
5. एकता की शक्ति	151
6. संगठन से दुर्बल की जीत	152

Code of Conduct

1. विपदा लाने वाले कार्य	155
2. किनके मार्ग में न आयें	156
3. शासक के दुर्व्यसन	157
4. धीरवान सदैव न्यायप्रिय	158
5. मनुष्य रूप में पशु	159
6. मूल्यवान संपदा का विनाश कब	160
7. आक्षेप न करने योग्य	161
8. विद्याहीन की शोभा नहीं	162
9. शासक का निर्व्यसनीय होना	163

10. वाणी का घाव अपूरणीय	164
11. मूल्यवान वस्तुओं के विनाश के कारण	165
12. स्त्रियों का आदर	167
13. मानसिक स्वास्थ्य	168
14. संसार चक्र का ज्ञाता कौन	169
15. कृतघ्नता मनुष्य का स्वभाव	170
16. वाणी की विशेषतायें	171
17. कटु वचन का प्रभाव	172
18. विद्वान के गुण	173
19. शाश्वतम्	174
20. पृथ्वी के छह सुख	175
21. भावनाहीन को सुख कहाँ?	176
22. राजा के सम्मुख आचरण	177

Foreword

ARIF MOHAMMED KHAN
GOVERNOR OF KERALA

RAJ BHAVAN
THIRUVANANTHAPURAM-695 099

10 October 2023

MESSAGE

I am happy to know that **Ms. Deepali Sharma** has written a book, 'The Art of Rule', which is a collection of motivational aphorisms gleaned from Indian thought and precepts of governance and management.

This book, comprising 151 wise sayings takes the reader through the time-tested principles that can guide not only in governance, but in the maintenance of one's composure and dignity in social life.

In short, the author highlights an Indian perspective on management, which could benefit aspiring managers, administrators and anyone interested in enhancing one's personality.

My best wishes for the success of the book.

[Arif Mohammed Khan]

Preface

Statecraft and diplomacy are the two sides of a coin. The ancient scriptures of India recount many instances of diplomacy. For example, in the Valmiki Ramayana, Lord Rama sent Lord Hanuman and Angada as envoys to Sri Lanka. Similarly, the Mahabharata talks of the Pandavas and Kauravas deploying envoys to prevent war. Lord Krishna is renowned as a skilled diplomat, and his conversation with the warrior Arjuna, known as the Gita, is a source of universal comfort. The first Indian legal code compiled by Maharishi Manu, Manusmriti, laid down the principles of statecraft around 1500 BCE. The charter of duties was assigned as, 'Let the king appoint an ambassador; the army is headed by a commander; control of subjects depends on the army; the government of the kingdom depends on the king; peace and war depend on the ambassador.'

Arthshashtra, or 'The Science of Material Gain,' was written around 300 BCE and is another comprehensive and cohesive treatise on diplomatic manoeuvring. Besides this, the code of conduct propounded in the Atharva Veda, Yajur Veda, Vidur Niti, Hitopadesa, Panchatantra, Kalhand Rajatantra, Neelakanth Sabha Ranjan Shatak, Bhartrhari Neeti Shatakam, Yagyavalkya Smriti and Kakopanisha have found a place in this compilation to underline the sagacity and foresight of Indian laureates.

Ancient Indian diplomacy valued the civil state and prioritized law and ethics over militarism and its associated power and expansion pursuits. The state and monarchy were regarded as sacred trusts aimed at ensuring the people's safety, peace and prosperity.

This compilation from the Vedas, Shastras, Upanishads and various scriptures is essential for understanding the nuances of the code of conduct, values and ethics that play a significant role in the life of every individual who is in search of dealing with life's adversities.

In the twenty-first century, it is a fact that knowledge is global, data is the new currency, content is the key and everything is just one click away in cyberspace. A journey through these deep-rooted, time-tested pearls from verses and hymns surprises the reader as to how, after thousands of years, they are still significant in the modern knowledge spectrum.

These ideas, values and references are not only for kings and rulers, but also for modern management leaders, who can apply them in their routine leadership roles. What remains eternal is the role of leadership at all levels in ensuring the rule of law, welfare and prosperity.

I aspire to spur the genesis of curiosity in young minds and future leaders to imbibe these leadership traits, and accomplish the dream of India being 'Vishwa Guru' again and forever.

Governance
(1-31)

प्रणम्य शासक

यः काममन्यू प्रजहाति राजा पात्रे प्रतिष्ठापयति धनं च।
विशेषविच्छ्रुतवान् क्षिप्रकारी तं सर्वलोकः कुरुते प्रणामम्।।
(विदुरनीति / 1 / 107)

जो शासक काम और क्रोध को जीत लेता है और योग्य पात्र को
धन देता है, विशेष बातों का ज्ञाता है, ज्ञानी और
शीघ्रकारी है, सम्पूर्ण प्रजा ऐसे ही शासक को प्रणाम करती है।
शिक्षा–सच्चरित्र, विद्वान् और कार्यकुशल शासक ही प्रणम्य होता है।

The Ruler, who wins lust and anger, gives charity to a deserving person
and, has special qualification; such a learned and decisive Ruler is
respected by everyone in the kingdom.

Message—The virtuous scholar and efficient Ruler is
revered by all.

शासक की न्याय प्रियता

यो मायातुं यातुधानेत्याह यो वा रक्षाः शुचिरस्मीत्याह।
इन्द्रस्तुं हन्तु महता वधेन विश्वस्य जन्तोरधमस्पदीष्ट।।
(ऋग्वेद / 7 / 104 / 16)

जो निर्दोष को लुटेरा कहता है और जो राक्षस अपने को पवित्र बताता है, शासक का कर्त्तव्य है कि वह ऐसे व्यक्तियों को उचित दण्ड दे और ऐसे लोगों को दीन–हीन बना दे।

शिक्षा–निर्दोष पर कंलक लगाना और दुष्टता कर अपने को पवित्र बताना दोनों ही अक्षम्य हैं। शासक इन्हें यथोचित दण्ड दे।

The person, who blames the innocent or the sinless by saying 'a plunderer,' and the other, who being a demon, declares himself to be holy, should be punished suitably and be deprived of any prosperity.

Message—*A good Ruler should maintain law and order with judiciousness and ensure that justice is delivered without fear and favour.*

शासक की शरण के लाभ

राजा प्रगल्भं कुरुते मनुष्यं राजा कृशं वा कुरुते मनुष्यम्।
राजोभिन्नस्य कुतः सुखानि राजाऽभ्युपेतं सुखिनं करोति।।
(महाभा./शान्ति./69/58)

शासक ही किसी मनुष्य को वीर बना देता है और वही किसी को दुर्बल भी कर देता है, शासक का विरोध करने वाले को सुख प्राप्त नहीं हो सकता, परन्तु जो शासक की शरण में आ जाता है, शासक उसे सुखी कर देता है।

शिक्षा—शासक अपने सामर्थ्य से किसी को उन्नत और किसी को अवनत कर सकता है।

It is the Ruler who can make a man valiant and also weak. One, who is against the Ruler, cannot achieve happiness; but one, who gets his patronage, becomes prosperous.

Message—*The Ruler can make anyone prosperous or deprived with his political authority.*

महापुरूष की महिमा का आंकलन

गच्छन् शरीर-विच्छेदादपि भस्मावशेषताम् ।
कर्पूरः सौरभेणेव जन्तुः ख्यात्याऽनुमीयते ।।
(कल्हण राजत. / 7 / 1435)

शरीर के नष्ट हो जाने पर भी किसी पुरुष की अवशेष के रूप में छोड़ी गयी प्रसिद्धि से ही उसकी महिमा का बोध उसी प्रकार हो जाता है, जैसे कपूर जलकर राख हो जाने पर भी अपनी सुगंध से पहचाना जाता है।

शिक्षा—महापुरुषों की कीर्ति ही उनकी महिमा का बोध करा देती है।

Even after death, the grandeur of a man is known by his fame, in the same way, as camphor burnt upto ashes shows its grandeur only by its fragrance.

Message—The glory of a great person shows their grandeur.

मन्त्रणा के लिए अयोग्य कौन

चत्वारि राज्ञा तु महाबलेन वर्ज्यान्याहुः पण्डितस्तानि विद्यात्।
अल्पज्ञैः सह सन्त्रं न कुर्यान्न दीर्घसूत्रै रभसैश्चारणैश्च।।
(वि.नी./1/74)

शक्तिशाली और समझदार शासक को इन चार से
सलाह (मन्त्रणा) नहीं करना चाहिए—अल्प ज्ञानी व्यक्तियों से,
देर से काम निपटाने वालों से, बहुत शीघ्र निर्णय देने वालों से
तथा गुप्तचरों से।
शिक्षा—किसी गम्भीर विषय पर मंथन करने के लिए योग्य व्यक्तियों
को ही अपनाना चाहिए।

*The powerful and wise Ruler should not consult the persons who have
less knowledge, who do things late, who make hasty decisions and also
with spies.*
Message—*A Ruler should always consult with
deserving persons.*

सेवकों के वेतन की महत्ता

कालातिक्रमणे हयेव भक्तवेतनयोर्भृताः।
भर्तुरप्यति कुप्यन्ति सोऽनर्थः सुमहान् कृतः।।

(रामा. / अयोध्या. / 100 / 33)

भत्ते और वेतन से पाले जाने वाले जिन सेवकों को ये दोनों साधन यथासमय नहीं मिलते, वे अपने स्वामी से रुष्ट हो जाते हैं। उनका यह रोष महान अनर्थकारी होता है।

शिक्षा–सेवकों को वेतन और भत्ता यथासमय देने में ही कल्याण है।

The servants, who are dependent on allowances and salary, if they do not get paid at due time, become disgruntled and it causes bigger troubles.

Message—*Servants should be paid their allowances and salary on time.*

शासकहीन राज्य की अवनति

**नाराजके जनपदे कारयन्ति सभां नराः।
उद्यानानि च रम्याणि हृष्टाः पुण्यगृहाणि च।।**
(रामा./अयोध्या/67/12)

जहाँ राजा (प्रशासक) नहीं होता, वहाँ लोग सभाएँ नहीं करवाते और वहाँ न तो सुन्दर उद्यान और न ही पवित्र घरो का निर्माण होता है।

शिक्षा—शासकहीन राज्य सभाओं, उद्यानों और उत्तम घरों से वंचित रहते हैं।

The State, without any Ruler, remains deprived of public meetings, beautiful gardens and holy homes.

Message—*The State without a Ruler is deprived of virtues like enjoying public meetings, beautiful gardens and divine homes.*

सामनीति से स्वतः वशीकरण

नादातव्यं दातव्यं न कर्तव्यं च किञ्चन।
सान्त्वमेकं प्रयोक्तव्यं, सर्वं तस्य वशे जगत्।।
(नीलकण्ठ—सभारञ्जन—शतक / 25)

सामनीति में कोई वस्तु न देनी होती है और न ग्रहण करनी होती है तथा कुछ करना भी नहीं पड़ता। केवल सामनीति का ही प्रयोग करने से सब अपने वश में हो जाते हैं।

शिक्षा—सामनीति में लेन—देन या कोई और कर्म करने की आवश्यकता नहीं होती। यह नीति तो स्वतः सबको वश में कर लेती है।

While using the policy of conciliation, neither anything is given nor taken and nothing is to be done. Even then, by adopting this policy, all will be controlled.

Message—*The policy of conciliation, is the means of controlling all, without giving, taking and doing anything.*

निर्बाध व्यापार कब असंभव

नाराजके जनपदे वणिजो दूरगामिनः।
गच्छन्ति क्षेममध्वानं बहुपण्यसमाचिताः।।
(रामा./अयोध्या/67/22)

शासकहीन राज्य में दूर जाने वाले व्यापारी बेचने का बहुत-सा सामान लेकर शान्तिपूर्वक मार्ग तय नहीं कर सकते।

शिक्षा—शासकहीन राज्य में व्यापारी लोग यात्रा द्वारा निःशंक व्यापार नहीं कर सकते।

In the State deprived of a Ruler, the businessmen with much commodities cannot trade over long distances fearlessly.
Message—*Businessmen cannot travel for their business fearlessly when the State is deprived of a Ruler.*

सेवकों से यथोचित व्यवहार

निर्विशेषं यदा स्वामी समं भृत्येषु वर्तते।
तत्रोद्यमसमर्थानामुत्साहः परिहीयते।।
(पञ्च. / मित्रभेद / 86)

शिक्षा—शासक को चाहिए कि सेवकों की योग्यता और सामर्थ्य को देखकर ही सब से उचित व्यवहार करे।

When the Ruler behaves equally with all the servants, not discriminating their capacity, then those who are efficient, become discouraged.

Message—*The Ruler should behave appropriately with worthy and efficient employees.*

शक्तिशाली कब निरंकुश

नाराजके जनपदे स्वकं भवति कस्यचित्।
मत्स्या इव जना नित्यं भक्षयन्ति परस्परम्।।
(रामा./अयोध्या/67/31)

शासक से हीन राष्ट्र में किसी का अपने धन पर अधिकार नहीं होता, वहाँ तो लोग परस्पर ऐसे हिंसा करते हैं, जैसे बड़ी मछली छोटी को खा जाती है।

शिक्षा—एक दूसरे को खाने की प्रवृत्ति शासकहीन राज्य में पाई जाती है।

In the Nation without a Ruler, nobody has an absolute right on one's wealth. Mighty people grab other's assets as big fish eats the small.

Message—In the Nation deprived of a Ruler, mighty people grab other's assets illegally.

साधु कब असुरक्षित

नाराजके जनपदे चरत्येकचरो वशी।
भावयन्नात्मनात्मानं यत्र सायंगृहो मुनिः।।
(रामा./अयोध्या/67/23)

शासकहीन राज्य में ऐसा तपस्वी विचरण नहीं कर सकता, जो अकेला घूमता है, आत्मसंयमी है, परमात्मा में लीन रहता है और उसी स्थान को अपना घर मान लेता है, जहाँ वह सायंकाल पहुँचता है।

शिक्षा—शासकहीन राज्य में साधु-महात्मा निर्भीक हो विचरण नहीं कर सकते।

In the State deprived of a Ruler, such an ascetic cannot move freely from one place to another, who walks alone, is self-restrained and devoted to God, and takes only such place as his house, where he reaches in the evening.

Message—An ascetic cannot go to different places in the State deprived of a Ruler.

दूत के गुण

भक्तो गुणी शुचिर्दक्षः प्रगल्भोऽव्यसनी क्षमी।
ब्राह्मणः परमर्मज्ञो दूतः स्यात् प्रतिभानवान्।।
(हितो./विग्रह./19)

दूत को भद्र, गुणवान, पवित्र, कार्यकुशल साहसी दुर्व्यसनों से रहित, सहनशील, ज्ञानी, शत्रुओं के रहस्य को जानने वाला और सूझ—बूझ से सम्पन्न होना चाहिये।
शिक्षा—दूत सदैव गुणी और परिपक्व व्यक्ति होना चाहिये।

A messenger should be faithful, meritorious, efficient, zealous, abstained from bad addictions, tolerant, intelligent, able to know the secrets of the enemy and be virtuous.
Message—A messenger should be virtuous, matured and apt to deal with enemies.

ऐश्वर्य का स्थायित्व

यत्रोत्साहसमारम्भो यत्रालस्यविहीनता।
नय—विक्रमसंयोगस्तत्र श्रीरचला ध्रुवम्।।
(पञ्च./मित्रभेद./136)

जहाँ कार्य उत्साहपूर्वक आरम्भ किये जाते हैं, जहाँ आलस्य नहीं होता और जहाँ राजनीति और पराक्रम मिलकर कार्य करते हैं, वहीं ऐश्वर्य स्थायी रहता है।

Wealth stays permanently, where tasks are initiated with zeal, keeping off idleness, and where polity and valour exist in harmony.

Message—Wealth stays when polity, zeal and valour exist in harmony.

ज्ञानचर्चा का अभाव कब?

नाराजके जनपदे नराः शास्त्रविशारदाः।
संवदन्तोपतिष्ठन्ते वनेषूपवनेषु च।।
(रामा./अयोध्या/67/26)

शासक से हीन राज्य में शास्त्रों में निपुण विद्वान् वनों तथा उपवनों में ज्ञान–चर्चा नहीं करते।
शिक्षा—शासकहीन राज्य में ज्ञान–चर्चा नहीं होती।

In the State deprived of a Ruler, the scholars and the experts in scriptures do not discuss knowledge in forests and gardens.
Message—The State having no Ruler, remains deprived of discussion on knowledge by intelligentsia.

दुश्चरित्र शासक से संकट

राजदोषैर्विपद्यन्ते प्रजा ह्यविधिपालिताः।
असद्वृत्ते हि नृपतावकाले म्रियते जनः।।
(रामा./उत्तर/73/16)

दुश्चरित्र शासक के होने पर शासक की त्रुटियों के कारण उत्तमविधि से न पाली गई प्रजाएँ संकटों से घिर जाती हैं और लोग अकाल मृत्यु के ग्रास बन जाते हैं।
शिक्षा–चरित्रहीन शासक के कारण प्रजा दुःखों में फँस जाती है।

Because of incompetent and characterless Ruler, public suffers on several accounts and it even leads to untimely death of the people.
Message—An incompetent and characterless Ruler is the cause of public suffering.

शासक के भय से धर्मानुकूल आचरण

राजमूलो महाप्राज्ञ धर्मो लोकस्य लक्ष्यते।
प्रजा राजभयादेव न खादन्ति परस्परम्।।
(महाभा./शान्ति/68/8)

हे विशेष बुद्धिमान पुरूष, संसार के धर्म के कार्य शासक के द्वारा ही चलाए जाते हैं। शासक के डर के कारण ही जनता में लोग एक–दूसरे को नहीं खाते।

शिक्षा–शासक के द्वारा राष्ट्र का सुप्रबन्ध होने पर ही जनता सुख से रह सकती है।

O very wise man, all righteous works in the world are carried on by the Ruler. Due to the fear of Ruler, the persons in a State do not harm each other.

Message—*When the Nation is well administered by a Ruler, only then the public lives happily.*

प्रजा के संकट कारक

विद्याविरहिता वैद्याः कायस्थाः प्रभविष्णवः।
दुराचाराश्च गुरवः प्रजानां क्षयहेतवः।।
(क्षेमेन्द्र / नर्ममाला / 77)

जो वैद्य (चिकित्सीय) ज्ञान से शून्य हैं, जो लिपिक (अपनी क्षमता से अधिक) प्रभावशाली हो चुके हैं तथा जो गुरुजन चरित्र भ्रष्ट हैं, वे सभी जनता के विनाशक होते हैं।

शिक्षा—अज्ञानी वैद्य, क्षमता से अधिक अधिकार प्राप्त लिपिक और दुराचारी अध्यापक जनता का नाश कर देते हैं।

The doctors deprived of medicinal knowledge, the clerks having power and characterless teachers, are the source of public destruction.

Message—*Ignorant doctors, unduly powerful clerks and characterless teachers destroy the masses.*

कुशल दूत के गुण

साकारो निःस्पृहो वाग्मी नानाशास्त्रविचक्षणः।
परचित्तावगन्ता च राज्ञो दूतः स इष्यते।।
(पञ्च./काको./84)

वही दूत अच्छा होता है, जो आकृति से सुन्दर, वाक्पटु, अनेक शास्त्रों का ज्ञाता और दूसरों के मन की बात समझ सकता है।

शिक्षा–दूत को अपने कार्य में पूर्ण कुशल होना चाहिए।

Only that is a good messenger, who possesses a good persona, is expert in communicating, has knowledge of scriptures and is able to read and understand one's mind.

Message—*A messenger should be efficient with multiple virtues.*

अत्याचारी शासक के अत्याचारी सेवक

यत्राधर्मं प्रणयते दुर्बले बलवत्तरः।
तां वृत्तिमुपजीवन्ति ये भवन्ति तदन्वयाः।।
(महाभा./शान्तिः/93/1)

जिस राज्य में अधर्म बढ़ जाता है, वहाँ अधिक बलवान दुर्बल को पीड़ित करता है। सरकारी कर्मचारी शासक की तरह ही अत्याचारी हो जाते हैं।

शिक्षा–अतिचारी शासक के सेवक भी अतिचारी हो जाते हैं।

The State, where irreligious (unlawful) activities take place, there, a tyrant person tortures the weak and the government servants also behave like their tyrant Ruler.

Message—The subordinates of a tyrant Ruler also become equally tyrant.

संकटग्रस्त लोक शासक की सेवा का फल

राजा सम्पत्तिहीनोऽपि सेव्यः सेव्यगुणाश्रयः।
भवस्याजीवनं तस्मात् फलं कालान्तरादपि।।
(भोजप्रबन्ध / 55)

भले ही शासक धनहीन हो, यदि वह सेवा करवाने वाले गुणों से संपन्न है, तो उसकी सेवा स्वीकार कर लेनी चाहिए क्योंकि उचित समय आने पर उससे भविष्य में पर्याप्त लाभ उठाया जा सकता है।

शिक्षा–निर्धन परन्तु सेवा योग्य शासक की सेवा भविष्य में कल्याणकारी हो जाती है।

Despite being poor, the Ruler, if deserves to be served, must be accepted by the public, because when he achieves the strong position, the public can avail sufficient benefits from him.

Message—One should invest in a powerless Ruler because, in his good days, you will gain advantage.

मंत्रालय के लिए उपयुक्तता

अन्यानपि प्रकुर्वीत शुचीन् प्राज्ञानवस्थितान्।
सम्यगर्थसमाहर्तुनमात्यान् सुपरीक्षितान्।।
(मनु./सप्तम अध्याय/60)

राजा शुद्ध हृदय वाले, बुद्धिमान, अपने पक्ष में स्थिर, अच्छी तरह से राजस्व का संकलन करने वाले, विविध परीक्षाओं से परीक्षण करने पर योग्य पाए गए मनुष्यों को अमात्य (कार्यसचिव) बनाए।
शिक्षा—कार्यसचिव सगुण व्यक्तियों को चयनित कर बनाए जाने चाहिए।

A Ruler should select his advisors and top counsellors from the people who are clear hearted, intelligent, stable and positive in views, good collector of revenues and found fit after conducting various examinations.

Message—*After following due process, a Ruler should select his advisors.*

मंत्री को कार्य विभाजन

**तेषामर्थे नियुञ्जीत शूरान् दक्षान् कुलोद्गतान्।
शुचीनाकरकर्मान्ते भीरूनन्तर्निवेशने।।**
(मनु./सप्तम अध्याय/62)

उन अमात्यों में से शूरवीर, चतुर, कुलक्रम से आए हुए और अर्थव्यवहार में सच्चाई से काम करने वाले अमात्यों को विविध प्रकार के आय–व्यय रूप अर्थव्यवहार में और सोना, चांदी इत्यादि के खानों के काम में नियुक्त करें, डरने वाले स्वभाव के अमात्यों को राजगृह के अंदरूनी कामों में लगाए।

शिक्षा—राजा अमात्यों की प्रकृति व स्वभाव के अनुसार विभिन्न उपक्रमों में उनका यथोचित प्रयोग करे।

Those Amatyas, who are courageous, sharp, with good lineage, and adopt transparency in financial behaviour, should be engaged in income and expenditure related works along with mines of gold and silver. Those who are weak and lack boldness should be employed within the boundaries of the royal palace and tasked with limited jobs.

Message—*The officials should be employed as per their qualities and capabilities.*

राजा तथा अमात्य की परस्पर निर्भरता

सहायसाध्यं राजत्वं चक्रमेकं न वर्तते।
कुर्वीत सचिवांस्तस्मात्तेषां च श्रृणुयान्मतम्।।
इति विनयाधिकारिके प्रथमेऽधिकरणे इन्द्रियजये राजर्षिवृत्तं
(विनय अधिकार/प्रथम अभिकरण/7 अध्याय/7)

जिस प्रकार गाड़ी का एक पहिया दूसरे की सहायता के बिना अनुपयुक्त होता है, इसी प्रकार राज्य चक्र भी अमात्य आदि की सहायता के बिना एकाकी राजा के द्वारा नहीं चलाया जा सकता इसलिए राजा को उचित है कि वह योग्य अमात्यों को रखे, और उनके मत को बराबर सुने।।15।।

शिक्षा–योग्य अमात्यों (मंत्रियों) के परामर्श से राजा को राज–काज सुचारू रूप से चलाने में सहायता होती है अर्थात राजा और मंत्री राजकार्य के दो पहिए हैं।

As a vehicle can't ply without two wheels, similarly, the administration of a State can't be run alone by the King without the help of his ministers. Thus, it is inevitable for the King that he should depute worthy ministers and carefully listen to their advice.

Message—*The King and his ministers are the two wheels of statehood.*

न्याय हेतु प्रमाण

प्रमाणैर्र्थपरीक्षणं न्यायः।

(न्या. भा 9/9 पृ. 8)

प्रमाणों से अर्थ की परीक्षा करना 'न्याय' कहा जाता है।

शिक्षा–साक्ष्य से ही न्याय को प्राप्त करने में सुगमता होती है।

Nyaya is the examination of the object with the help of the Pramānas (evidence).

Message—*Evidence is essential to do justice after due examination of facts and material.*

सामर्थ्य का आंकलन

ऋते नियोगात् सामर्थ्यमवबोद्धुं न शक्यते।
(रामायण साहस्त्री–यु.कां. 17.54)

कार्य में नियुक्त किये बिना किसी के सामर्थ्य (शक्ति) को जाना (आंका) नहीं जा सकता।

शिक्षा–व्यक्ति के सामर्थ्य की परख उसको आवंटित कार्य के निष्पादन से होती है।

Skill and efficiency of a person can't be judged without assigning an independent task to him.

Message—*Judge a person's worth only after analysing the outcome of a task attributed to him.*

कार्यसंपादन की नीति

अज्ञायमाने हीनत्वे सन्धिं कुर्यात् परेण वै।
लिप्सुर्वा कंचिदेवार्थं त्वरमाणो विचक्षणः।।
(शान्तिपर्व 69.15)

अपनी हीनता या निर्बलता का पता शत्रु को लगने से पहले ही शत्रु के साथ सन्धि कर लेनी चाहिए। यदि सन्धि के द्वारा कोई प्रयोजन सिद्ध करने की इच्छा हो तो विद्वान एवं बुद्धिमान राजा को इस कार्य में बिलम्ब नहीं करना चाहिए।

शिक्षा—बुद्धिमता इसमें है कि शत्रु से संधि उचित समय और उचित शर्तों पर कर ली जाए।

A wise King should go for alliance (with the enemy) before his own fallbacks are exposed. If he is desirous to serve his own purpose (by this alliance), he should do so
without delay.

Message—*A wise King should go for an alliance before his weakness is exposed and should move ahead with the right strategy.*

संधि का उपयुक्त समय

नैव द्वौ न त्रयः कायां न मृष्यरेन् परस्परम्।
एकार्थे ह्येव भूतानां भेदो भवति सर्वदा।।
(शान्तिपर्व 80.25)

एक काम पर एक ही व्यक्ति को नियुक्त करना चाहिए, दो या तीन को नहीं क्योंकि वे आपस में एक दूसरे को सहन नहीं कर पाते; एक कार्य पर नियुक्त हुए अनेक व्यक्तियों में प्रायः सदा मतभेद हो ही जाता है।

शिक्षा—राजा को चाहिए कि किसी निश्चित कार्य संपादन के लिए निश्चित व्यक्ति को ही जिम्मेदारी सौंपी जाए अन्यथा मतभेद की संभावना सदा ही विद्यमान रहेगी।

One person should be appointed to one work and not two or three. They may not tolerate each other. Several persons, if engaged in the same work, disagree with one another.

Message—*To avoid differences, one assignment should be attributed to one person rather than many as it will cause difference of opinion.*

बालकों से काम लेने की नीति

सान्त्यमेव तु बालेषु प्रधानं प्रथमो नयः।
(हरि. पर्व 22.97)

समझा–बुझाकर काम लेना ही बालकों के प्रति प्रधान एवं प्रमुख नीति है।

शिक्षा–बच्चों को प्रेमपूर्वक समझाकर अच्छे कार्यों के लिए प्रेरित किया जाना चाहिए।

Children should be made to work only through affection. This is an important and the best policy.

Message—*Children understand the language of affection better than annoyance.*

राज्य के विरोधी का सुख

राज्ञो विप्रतिकूलस्थो न जातु सुखमेधते।
(रामायण साहस्त्री—अर.कां. 40.26)

राजा के प्रतिकूल चलने वाला कभी सुखी नहीं रहता।

No one can be prosperous and peaceful by going against the policies of the King.

युद्ध अंतिम विकल्प

संदिग्धो विजयो युद्धे जनानामिह युध्यताम्।
उपायत्रितयादूर्ध्वं तस्माद् युद्धं समाचरेत्।।
(पञ्च./काको./12)

क्योंकि युद्ध करने वाले विजयी होंगे या नहीं होंगे, निश्चयपूर्वक नहीं कहा जा सकता अतः जब साम, दान और भेद ये तीनों नीतियाँ सफल न हो सकें, युद्ध केवल तभी करना चाहिए।
शिक्षा—तीनों नीतियों से कार्य सिद्ध न होने पर ही युद्ध करना चाहिए।

As there is doubt in achieving the victory
by warriors, so the policy of war should be adopted only when other three policies — reconciliation, appeasement and division—fail to get success.
Message—War should be the last resort as a result of war is always uncertain.

Raj Dharma
(1-22)

राजधर्म की आवश्यकता क्यों?

यथा हि रश्मयोऽश्वस्य द्विरदस्याङ्कुशो यथा।
नरेन्द्रधर्मो लोकस्य तथा प्रग्रहण स्मृतम्।।
(शान्तिपर्व 56/5)

जैसे घोड़ों को काबू में रखने के लिए लगाम और हाथी को वश में करने के लिए अङ्कुश है; उसी प्रकार समस्त संसार को मर्यादा के भीतर रखने के लिए राजधर्म आवश्यक है, वह उसके लिए प्रग्रह अर्थात् उसको नियन्त्रित करने में समर्थ माना गया है।

शिक्षा—राजधर्म ही संसार को नियंत्रित करने में सक्षम है।

As the rein controls the horse, the hook (that controls) the elephant, so the duties of a King (Raj Dharma) are like the rein for controlling the world.

Message—Raj Dharma is the highest yardstick to guide and control the worldly affairs.

महान उद्देश्य प्राप्ति हेतु त्याग आवश्यक

त्यजेदेकं कुलस्यार्थे ग्रामस्यार्थे कुलं त्यजेत्।
ग्रामं जनपदस्यार्थे आत्मार्थे पृथिवीं त्यजेत्।।

(पञ्च./मित्रभे./307)

वंश की रक्षा के लिए यदि एक व्यक्ति का त्याग करना पड़ता है, तो उसे त्याग देना चाहिए। यदि गाँव की रक्षा के लिए एक परिवार छोड़ना पड़ता है, तो उसे छोड़ देना चाहिए। यदि सम्पूर्ण राज्य के लिए गाँव छोड़ना पड़ता है, तो उसे छोड़ देना चाहिए और स्वाभिमान की रक्षा के लिए पृथ्वी को छोड़ना पड़े, तो छोड़ देना चाहिंए।

शिक्षा–किसी बड़े उद्देश्य की रक्षा छोटे पदार्थ का त्याग करके कर लेनी चाहिए।

To save a clan, one person may be sacrificed. To save a village, a family may be sacrificed. To save a State, a village may be sacrificed. To protect one's self respect, earth should be sacrificed.

Message—*To save a greater thing, a small thing should be sacrificed.*

राज्य के उपभोग में सावधानी

न राज्यं प्राप्तमित्येव वर्तितव्यमसाम्प्रतम्।
श्रियं ह्यविनयो हन्ति जरा रूपमिवोत्तमम्।।
(वि.नी./2/12)

राज्य प्राप्त कर उसका उपभोग करना ही केवल उचित नहीं है, विचारणीय है कि धृष्टता से ऐश्वर्य का नाश उसी प्रकार हो जाता है, जैसे बुढ़ापे से अति सुन्दर शरीर का भी सौन्दर्य मिट्टी में मिल जाता है।

शिक्षा–राज्य प्राप्त कर विनयपूर्वक उसे सुरक्षित रखने से ही कल्याण होता है।

After achieving a kingdom, enjoying it is not sufficient; it should be noted that wealth becomes destroyed due to impudence, in the same way, as old age destroys beauty.

Message—*After achieving a kingdom, it should be maintained for one's prosperity.*

शासक का क्रूर होना कब न्यायोचित

नृशंसमनृशंसं वा प्रजारक्षणकारणात्
पातकं वा सदोषं वा कर्तव्यं रक्षता सदा।।
(रामा./बाल./25/18)

शासक को प्रजा की रक्षा के लिए क्रूर अथवा क्रूरता जैसे पाप तथा दोष सम्पन्न भी कार्य कर लेने चाहिये।
शिक्षा–प्रजा की रक्षा के लिए शासक को किसी प्रकार का भी कार्य करने में संकोच नहीं करना चाहिए।

A Ruler should adopt even cruel, harsh, sinful or faulty acts to save his subjects.
Message—The Ruler should not shirk doing any kind of work to save his subjects.

शत्रु विनाश-शासक का कर्त्तव्य

भद्राऽउत प्रशस्तयो भद्रंमनः कृणुष्व वृत्रतूर्ये।
येना समत्सु सासहः।।
(यजु. / 15 / 39)

हे शासक, आपकी प्रशंसाएं कल्याणकारी हों, कृपया शत्रुओं और विघ्नों के विनाश के लिए दृढ़ संकल्प कीजिए, जिससे युद्ध–क्षेत्र में आप अपना पराक्रम दिखा सकें।

शिक्षा—शासक को राष्ट्र के शत्रुओं और विघ्न–बाधाओं को दृढ़संकल्प और पराक्रम पूर्वक समाप्त कर देना चाहिए।

O the Ruler, may your praises be auspicious! Please make up your mind to destroy enemies and overcome obstacles so that you may show your valour on the battlefield.

Message—*The Ruler should destroy the national enemies and overcome the obstacles by his strong determination and valour.*

शासक के विविध रुप

राजा बन्धुरबन्धूनां राजा चक्षुरचक्षुषाम्।
राजा पिता च माता च सर्वेषां न्यायवर्तिनाम्।।
(पञ्च./मित्रभेद/377)

जिनका कोई संबंधी नहीं है, शासक उनका संबंधी है, वह नेत्रहीनों की आँख है और न्यायमार्ग पर चलने वालों का तो शासक पिता तथा माता के सदृश है।

शिक्षा—शासक कर्त्तव्यपरायण नागरिकों की सब प्रकार से सहायता करता है।

Those who have no relative, the Ruler is their relative. He is the eyes of the blind; and those who are righteous, the Ruler is like their parents.

Message—*The Ruler is duty-bound to help and protect the dutiful citizens of the State.*

शासक का गुप्तचरों से व्यवहार

ये राष्ट्रधिकृतास्तेषां चारैर्ज्ञात्वा विचेष्टितम्।
साधून् सम्मानयेद् राजा विपरीतांश्च घातयेत्।।

(याज्ञ–स्मृति / 338)

शासक का कर्त्तव्य है कि वह गुप्तचरों द्वारा राष्ट्र के कर्मचारियों के क्रियाकलापों को जाने। उनमें जो कर्त्तव्यपरायण श्रेष्ठ हों, उन्हें सम्मानित करे और जो दुष्ट हों, उन्हें दण्ड दें।

शिक्षा–शासक को अपने कर्मचारियों के कार्यों को जानकर श्रेष्ठों का सम्मान करना तथा दुष्टों को दण्ड देना चाहिए।

It is the duty of a Ruler to know all the activities of his subordinates through spies, honour the good officials and punish the bad ones.

Message—*A Ruler should timely scrutinize the work of his officials through spies and reward or punish them, to maintain decorum and good governance.*

शासक कब मृत्यूरुप

यो न रक्षयति वित्रस्तान् पीड्यमानान् परैः सदा।
जन्तून् पार्थिवरूपेण स कृतान्तो न संशयः।।
(पञ्च./काको./68)

जो शासक शत्रुओं से डरी और पीड़ित जनता की रक्षा नहीं करता, वह शासक के रूप में वस्तुतः मृत्यु ही है, इसमें कोई संशय नहीं।
शिक्षा–प्रजा की रक्षा न करने वाला शासक निंदनीय होता है।

The Ruler, who does not protect his subjects and is afraid and troubled by enemies, is dead in the role of a Ruler.
Message—*The Ruler who does not protect his subjects is condemnable.*

शासक को प्रजा-पालन से लाभ

राजन्! दुधुक्षसि यदि क्षितिधेनुमेनाम्,
तेनाद्य वत्समिव लोकममुं पुषाण।
तस्मिंश्च सम्यगनिशं परिपुष्यमाणे,
नाना फलं फलति कल्पलतेव भूमिः।।
(भर्तृ. नीतिशतकम्/42)

हे शासक, यदि तुम गौसदृश इस भूमि से लाभ प्राप्त करना चाहते हो, तो जैसे गाय के बछड़े को पुष्ट किया जाता है, उसी प्रकार प्रजा का पालन—पोषण करो। जब तुम प्रजा का पालन—पोषण दिन—रात करते रहोगे, तो यह भूमि तुम्हें उसी प्रकार सभी लाभ प्रदान करेगी, जैसे कल्पलता से सभी चाही हुई वस्तुएं प्राप्त हो जाती हैं।

शिक्षा—जो शासक प्रजा का ठीक से पालन—पोषण करता है, वही राष्ट्रभूमि से सब लाभ प्राप्त कर सकता है।

O the Ruler, if you desire to avail benefits of this cow-like land, then sustain your subjects like a calf. When you nourish your subjects day and night, only then the land will benefit you with all desired things like Kalpalata.

Message—*The Ruler, who sustains his subjects diligently, can get all the blessings from the Nation.*

श्रेष्ठ शासक कौन?

स्वस्तिदा विशां पतिर्वृत्रहा विमृधो वशी।
वृषेन्द्रः पुर एतु नः सोमपा अभयङ्करः।।
(अथर्व. / 1 / 21 / 1)

ऐसा शासक राष्ट्र पर शासन करे, जो कल्याणकारी हो, प्रजापालक हो, विघ्नों और शत्रुओं का नाशक हो, दुष्ट–संहारक हो, सबको वश में रख सकता हो, बलशाली हो, परमैश्वर्यशाली और प्रतापी हो, ऐश्वर्य का रक्षक हो और प्रजा से भय को दूर करने वाला हो।
शिक्षा—प्रजा का हितैषी, शत्रुनाशक और प्रताप द्वारा सबको निर्भय बनाने वाला ही शासक श्रेष्ठ होता है।

May only such a Ruler govern the Nation, who believes in proper welfare, sustainer of the pubic, destroyer of enemies, able to control all, is powerful, the most prosperous and valiant, protector of wealth and gives confidence instead of fear.
Message—Only such a Ruler is desirable who is a well-wisher of the public, destroyer of enemies, valiant and a source of fearlessness.

शासक भयहीन कब

राज्ञो बिभ्यति लोकाः, राजानः पुनरितो वैरिभ्यः।
आब्राह्मणः कृतान्तादकुतो-भयमस्पृहा राज्यम्।।
(नीलकण्ठ-वैराग्यशतकम्/3)

लोग शासक से डरते हैं, शासक अपने से बलवान् शत्रुओं से और ब्राह्मणों से लेकर सभी प्राणी मृत्यु से डरते हैं। भला भय कहाँ नहीं है? इसलिए कामनाओं का त्याग ही सच्चा राज्य है।

शिक्षा—सभी वस्तुएँ भय से आक्रान्त हैं, केवल निःस्पृह व्यक्ति ही राजा रह सकता है।

The public feels fear from the Ruler, the Ruler feels fear from the stronger enemy and all creatures including wise are afraid of death. So, which is the place without fear? Only being desireless is real Kingship.

Message—*All are surrounded by fear. Only the desireless is the master.*

धर्मानुकूल आचरण से लाभ

राज्यं सुसम्पदो भोगाः कुले जन्म सुरूपता।
पाण्डित्यमायुरारोग्यं धर्मस्यैतत् फलं विदुः।।
(उपदेशप्रकरणम / 4)

राज्य, उत्तम संपत्तियाँ, भोग्य पदार्थ, उत्तम कुल में जन्म, सौन्दर्य, विद्वत्ता, दीर्घ आयु तथा उत्तम स्वास्थ्य, ये सभी धर्म के उत्तम फल होते हैं।

शिक्षा–धर्मानुकूल आचरण करने से सभी सुखसाधन प्राप्त हो जाते हैं।

Kingdom, good wealth, luxuries, birth in a high clan, beauty, knowledge, long life and good health are the good results of practising righteousness.

Message—*Practising righteous conduct leads to all means of happiness.*

शासक के न्यायपूर्ण होने की आवश्यकता

स्वराष्ट्रे न्यायवृत्तः स्याद् भृशदण्डश् च शत्रुषु।
सुहृवत्स्वजिह्मः स्निग्धेषु नाह्मणेषु क्षमाऽन्वितः।।
(मनु./सप्तम अध्याय/32)

राजा अपनी जनता के प्रति न्यायसम्मत बर्ताव करने वाला होवे, शत्रुओं के प्रति कठोर बल का प्रयोग करने वाला होवे, अपने में प्रेम रखने वाले सज्जनों के प्रति सरल व्यवहार करने वाला होवे, ब्राह्मणों के प्रति क्षमा करने वाला होवे।

शिक्षा—राजा को स्थिति व समय के अनुसार न्यायसंगत व्यवहार करना चाहिए।

A King should be judicious with his subjects. He should exercise his authority strictly with his enemies; he should be warm and cordial with people, who shower affection on him and should be forgiving towards wise visionaries.

Message—*A King should behave differently with different categories of people as per their traits.*

सुखपूर्वक जीवन जीने का मार्ग

रथः शरीरं पुरुषस्य राजन्नात्मा नियतेन्द्रियाण्यस्य चाश्वाः।
तैरप्रमत्तः कुशली सदश्वैर्दान्तैः सुखं याति रथीवधीरः।।
(उद्यो. पर्व 34.59)

हे राजन्! मनुष्य का शरीर रथ है, बुद्धि सारथी है और इन्द्रियां इसके घोड़े हैं। इनको वश में करके सावधान रहने वाला चतुर एवं धीर पुरुष वश में किए हुए घोड़ों से कुशल रथवान् की भांति सुखपूर्वक (संसार में) चलता है।

O King, the body of a man is like the chariot, wisdom is the driver and the senses are its horses. Controlling all these three horses (body, mind and soul), an awaken, wise and steady man, like an intelligent driver, relishes his worldly journey.

Message—Control your mind, body and soul to cherish the journey called life.

'कर' निर्धारण का मापदंड

यथा मधु समादत्ते रक्षन् पुष्पाणि षट्पदः।
तृददर्थान मनुष्येभ्य आदद्यादिविहिंसया।।
(उद्यो. पर्व 34 / 17)

जैसे भौंरा फूलों की रक्षा करता हुआ उनके मधु को ग्रहण करता है, उसी प्रकार राजा भी प्रजाजनों को कष्ट दिये बिना ही उनसे धन ले।
शिक्षा—राजा प्रजा से मात्र उतना ही कर ले जितना उनकी प्रजा को कष्टप्रद न हो।

As a bee sucks honey without injuring the flowers, so the King should collect money (in form of taxes) from his subjects without afflicting pain to them.
Message—*Tax-imposition should be rational, not incurring undue pain to the subject.*

राजा का व्यवहार कैसा हो?

तस्मान्नैव मृदुर्नित्यं तीक्ष्णो नैव भवेन्नृपः।
वासन्तार्क इव श्रीमान् न शीतो न च धर्मदः।।
(शान्तिपर्व 56/40)

जैसे वसन्त ऋतु का तेजस्वी सूर्य न तो अधिक ठंडक पहुँचाता है और न कड़ी धूप ही करता है, उसी प्रकार राजा को भी न तो बहुत कोमल होना चाहिए और न अधिक कठोर ही।
शिक्षा–राजा का व्यवहार वसन्त के सूर्य के समान प्रिय लगने वाला एवं संतुलित होना चाहिए।

The King should neither be mild nor always be harsh.
He should be like the vernal sun, which is neither too cold nor too hot.
***Message**—Balance is the key to life.*

विशुद्ध न्याय से प्रतिष्ठा

श्रोतुं चैव न्यसेद् राजा प्राज्ञान् सर्वार्थदर्शिनः।
व्यवहारेषु सततं तत्र राज्यं प्रतिष्ठितम्।।
(शान्तिपर्व 69/28)

राजा न्याय करते समय सदा वादी–प्रतिवादी की बातों को सुनने के लिए अपने पास सर्वार्थदर्शी विद्वान् पुरुषों को बिठाये रखे, क्योंकि विशुद्ध न्याय पर ही राज्य प्रतिष्ठित होता है।

शिक्षा–राज्य की प्रतिष्ठा के लिए सर्वश्रेष्ठ न्याय प्रदान करना आवश्यक होता है।

For hearing (the charges and defences in judicial matters),
a King should appoint wise persons endowed with knowledge and prudence of worldly affairs because reputation of the State really depends upon proper administration of justice.

Message—Robust justice delivery system is the foundational pillar of a dignified State.

पितातुल्य राजा

पिता हि सर्वभूतानां राजा भवति धर्मतः।
(रामायण साहस्त्री–उ.कां. 93,15)

धर्म की दृष्टि से राजा सभी प्राणियों का पिता (पालक) होता है।

शिक्षा–राजा पितातुल्य होता है।

A King provides foster care to all his subjects under his reign just like a father or nurturer.

Message—Respect a King as a father as he nurtures his reign.

राष्ट्र रक्षा सरल नहीं

अप्रमत्तो बले कोशे दुर्गे जनपदे तथा।
भवेथा गुह! राज्यं हि दुरारक्षतमं मतम्।।
(रामायण साहस्त्री—अयो. का. 52.72)

निषादराज! तुम सेना, कोश (खजाना), किला एवं राज्य के विषय में सदैव सावधान रहना; क्योंकि राज्य की रक्षा का काम अत्यन्त कठिन माना गया है।

शिक्षा—राजा को सावधानीपूर्वक अपनी सेना, खजाने, राष्ट्र व सीमाओं की रक्षा करनी चाहिए।

O King! You must be vigilant about your army, treasure, fort and the State. This is the most challenging task–to protect the State.

Message—*Vigilance for army, treasury, fort and State is the paramount duty of a King.*

दुष्टों से व्यवहार का तरीका

न साम रक्षः सु गुणाय कल्पते न दानमर्थोपचितेषु युज्जते।
न भेदसाध्या बलदर्पिता जनाः पराक्रमस्त्वेष ममेह रोचते।।
(रामायण साहस्त्री–सुं. कां. 41.3)

दुष्टों के प्रति साम–नीति का प्रयोग लाभदायक नहीं होता; इनको दान देना भी उपयुक्त नहीं; बल के अभिमान में चूर इनमें फूट डालने की नीति भी सफल नहीं; ऐसी स्थिति में पराक्रम दिखाना ही उचित होता है।

शिक्षा–कुटिल व्यक्ति को साम, दान, भेद नहीं अपितु दंड से नियंत्रित किया जा सकता है।

Policy of conciliation is not helpful for dealing with the crooks, appeasement is also of no use, policy of divide is also a futile effort; valour or punitive action is the only way to curb the menace.

Message—*People of low character cannot be dealt with conciliation, appeasement or policy of divide. Valour of the King is the only language they understand.*

समानता का अधिकार

रक्ष्या हि राज्ञा धर्मेण सर्वे विषयवासिनः।
(रामायण साहस्त्री—अयो.कां. 100,48)

राजा को अपने राज्य में रहने वाले सभी लोगों की धर्मानुसार रक्षा करनी चाहिए।

शिक्षा—राजा को सभी नागरिकों से समान व्यवहार रखना अपेक्षित है।

King should protect his subjects as a part of his Dharma and duty.
***Message**—Equality for all is the key.*

निर्दोष का दंडित करने का अभिशाप

यानि मिथ्याभिशस्तानां पतन्त्यश्रूणि राघव।
तानि पुत्रपशून् घ्नन्ति प्रीत्यर्थमनुशासतः।।
(रामायण साहस्त्री–अयो. कां. 100.59)

रघुनन्दन! मिथ्या दोष लगाकर दण्डित निरपराध लोगों की आँखों से गिरे हुए आँसू मात्र स्वयं प्रसन्न होने के लिए शासन करने वाले राजा के पुत्र एवं पशुओं का नाश कर देते हैं।

शिक्षा–राजा स्वयं की प्रसन्नता के लिए कभी निर्दोष को दंडित न करे।

O Rama! false imputation causing tears in the eyes of innocent people, devastates heirs and wealth of such King, if he rules only to please himself.

Message—*Innocent people if punished to please the King, it will be the cause of disaster for his heirs and wealth.*

Know Your Enemy
(1-20)

अकारण शत्रुता का उपचार नहीं

निमित्तमुद्दिश्य हि यः प्रकुप्यति ध्रुवं स तस्यापगमे प्रशाम्यति।
अकारणद्वेषपरो हि यो भवेत् कथं नरस्तं परितोषयिष्यति।।
(पञ्च./मित्रभेद./227)

जो व्यक्ति किसी कारण से रुष्ट हो जाए, तो उस कारण को हटा देने से उसे शान्त किया जा सकता है, परन्तु जो निष्कारण ही शत्रुता कर बैठे, भला उसे प्रसन्न कैसे किया जा सकता है?
शिक्षा—अकारण द्वेष करने वाले को सन्तुष्ट करना असम्भव है।

One, who is angry due to some reason, may be pleased by solving that problem, but who hates for nothing, how can he be pleased?
Message—*A person annoyed without any reason cannot be pleased.*

शत्रु विश्वास योग्य नहीं

नास्ति वैरमतिक्रान्तं सान्त्वितोऽस्मीति नाश्वसेत्।
विश्वासाद् बध्यते लोके तस्माच्छ्रेयोऽप्यदर्शनम्।।
(महाभा./शान्ति./139/38)

'शत्रु ने मुझे आश्वासन दिया है' यह समझ कर वैर को समाप्त हुआ नहीं समझना चाहिए क्योंकि इस प्रकार विश्वास करने वाला प्राणी मारा जाता है और तब कल्याण के दर्शन कैसे हो सकते हैं।
शिक्षा—शत्रु की बातों पर विश्वास करने वाला
नष्ट हो जाता है।

'The enemy has reconciled with me'—thinking in this way, one should not deem the end of enmity. It is seen that one who trusts in this way, is killed and cannot enjoy his welfare.

Message—One, who believes on the words of an enemy, suffers destruction.

शासकहीन राज्य में अनुशासनहीनता

नाराजके जनपदे बीजमुष्टिः प्रकीर्यते।
नाराजके पितुः पुत्रो भार्या वा वर्तते वशे।।
(रामा./अयोध्या/67/10)

शासक से हीन राज्य में उगने के लिए बीज नहीं बिखेरे जाते और पुत्र पिता के तथा पत्नी पति के वश में नहीं रहते।

शिक्षा—शासकहीन राज्य में खेतीबाड़ी ठीक नहीं होती और सर्वत्र अनुशासनहीनता दिखाई देती है।

In the State having no Ruler, seeds are not sown, the father has no control over his son and the husband over his wife.

Message—Without a Ruler, the State remains deprived of agricultural produce and indiscipline is prevalent everywhere.

शत्रु पर विश्वास-नाशकारक

प्रणयादुपकाराद्वा यो विश्वसिति शत्रुषु।
स सुप्त इव वृक्षाग्रात् पतितः प्रतिबुध्यते।।
(हितोप./संधि./9)

यदि कदाचित् शत्रु प्रेम दिखाये या कोई उपकार करें, तो उन पर विश्वास करने वाले व्यक्ति की वह दशा होती है, जो वृक्ष की शाखा पर सोता हुआ गिरने के बाद जाग जाता है।

शिक्षा—शत्रु के द्वारा दिये प्रलोभनों पर विश्वास करने वाले की दुर्गति होती है।

If an enemy shows love or helps in any matter, even then, someone who believes such an enemy has to face a condition similar to a person, who sleeps on a tree, and, after falling down, wakes up at once.

Message—Trusting enemies proves to be fatal.

बलवान को रुष्ट करने से हानि

यो दुर्बलोऽणूनपि याच्यमानो बलीयसा यच्छति नैव साम्ना।
प्रयच्छते नैव च दर्श्यमानं खारीं स चूर्णस्य पुनर्ददाति।।

(पञ्च./लब्ध./प्र./27)

जब बलवान मनुष्य दुर्बल मनुष्य से थोड़ी–सी ही वस्तु माँगे और दुर्बल शान्तिपूर्वक देखते हुए भी ऐश्वर्य में से उसे कुछ भी नहीं देता, तब उसे अपना सर्वस्व उसी प्रकार दे देना पड़ता है, जैसे थोड़े से आटे के बदले क्विंटल आटा देना पड़े।

शिक्षा–बलवान शत्रु को अपने धन में से कुछ देकर उसे शांत कर देना चाहिए, इसी से शेष धन बच सकता है।

When a mighty person asks something to give out of the apparent much wealth, if the weak denies to give it, then he is forced to hand over his complete wealth, in the same way, as in lieu of one kilogram, a quintal of flour is given.

Message—*The strong enemy should be appeased by giving small wealth out of all, to save the rest.*

शत्रु और रोग का त्वरित नाश

जातमात्रं न यः शत्रुं रोगं च प्रशमं नयेत्।
महाबलोऽपि तेनैव वृद्धिं प्राप्य स हन्यते।।
(पञ्च./मित्रभेद/177)

जो व्यक्ति शत्रु और रोग के शुरू होते ही उसे समाप्त नहीं कर देता, जब वह शत्रु या रोग शक्तिशाली हो जाता है तो ऐसे व्यक्ति को ही मार देता है।

The person, who doesn't eradicate his enemy or a disease in a nascent stage, gets killed by the same when the enemy or disease becomes prominent.

Message—*Enemy and diseases should be eradicated at the nascent stage.*

कर्त्तव्यपरायण नागरिकों के लिए शासक

मित्ररूपा हि रिपवः सम्भाव्यन्ते विचक्षणैः।
ये हितं वाक्यमुत्सृज्य विपरीतोपसेविनः।।
(पञ्च./काको./197)

निपुण लोग मित्ररूप में स्थित शत्रुओं को पहचान लेते हैं, क्योंकि ऐसे लोग हितकारी बात न कहकर हानिकारक ही बात कहते हैं।
शिक्षा—हानिकारक बात कहने वाला मित्ररूप में शत्रु होता है।

A wise person recognizes enemies disguised as friends as they suggest harmful things.
Message—*Those who suggest harmful things to follow, are enemies.*

कठोर परन्तु हितकारी

लभ्यते खलु पापीयान् नरो तु प्रियवागिह।
अप्रियस्य च पथ्यस्य वक्ता श्रोता च दुर्लभः।।
(महाभा./सभा./64/16)

मीठी बात करने वाला दुष्ट व्यक्ति मिल सकता है परन्तु कठोर तथा हितकारी बात को कहने तथा सुनने वाले दुर्लभ होते हैं।
शिक्षा–कठोर और हितकर बात को कहने और सुनने वाले विरले ही होते हैं।

A person who is sweet but mischievous is easy to find, but those who speak and listen harsh but guiding words are rare to find.
Message—Those persons are rare, who speak harshly but act as mentors.

व्यसनीय राजा का अन्त

**कामजेषु प्रसक्तो हि व्यसनेषु महीपतिः।
वियुज्यतेऽर्थधर्माभ्यां क्रोधजेष्वात्मनैव तु।।**
(मनु./सप्तम अध्याय/46)

काम से उत्पन्न होने वाले व्यसनों में फँसा हुआ राजा अर्थ से (धन से) और धर्म से विमुक्त होता है क्रोध से उत्पन्न व्यसनों में फँसा हुआ राजा तो शरीर से ही विमुक्त हो जाता है। (मृत्यु को ही प्राप्त करता है)।

शिक्षा—काम, क्रोध से उत्पन्न व्यसन राजा को क्रमशः धन/धर्म तथा जीवन से विमुक्त कर देते हैं।

A Ruler, who is enslaved to the addictions out of Kama, loses all his wealth, values and Dharma. One who is enslaved by anger is bound to die prematurely.

***Message**—A Ruler should abhor two pitfalls; one is shaky character and second is anger.*

शत्रु-सेवी मित्र से सावधानी

शत्रुसेविनि मित्रे च गूढ़े युक्ततरो भवेत्।
गतप्रत्यागते चैव स हि कष्टतरो रिपुः।।
(मनु./सप्तम अध्याय/186)

गुप्त रूप में शत्रु की सेवा करने वाले मित्र से अधिक सावधान होवे। एक बार शत्रु पक्ष में जाकर लौटे हुए पुरुष से भी अधिक सावधान होवे क्योंकि वह अधिक कष्ट देने वाला शत्रु होता है।

शिक्षा–वह मित्र विश्वास का पात्र नहीं होता जो छिपकर शत्रु की सेवा करे या शत्रु के पाले से लौटकर राजा के पास आए।

One should be cautious of the friend who assists and serves the enemy secretly. Leaders should be careful of the man, who has returned from the enemy camp, because he can cause severe damage as an enemy in the garb of a friend.

Message—*Beware of a friend who has served your enemy or was a part of the enemy camp.*

शत्रु से शत्रु का नाश

शत्रुमुन्मूलयेत् प्राज्ञस्तीक्ष्णं तीक्ष्णेन शत्रुणा।
व्यथाकारं सुखार्थाय कण्टकेनेव कण्टकम्।।

(पञ्च./लब्ध/16)

जिस प्रकार एक अन्य काँटे द्वारा चुभे काँटे को निकाला जाता है, उसी प्रकार से पीड़ा देने वाले शत्रु को दूसरे तीक्ष्ण शत्रु द्वारा पूर्णतया नष्ट कर देना चाहिए।

शिक्षा—पीड़ादायक शत्रु को नष्ट करने के लिए उसी के समान तीक्ष्ण शत्रु का प्रयोग न्यायोचित है।

As a thorn is taken out with the help of another thorn, similarly, the wise man should destroy a dreadful enemy with the help of another horrendous enemy.

Message—Destroy an enemy with the help of another deadly enemy.

हानिकर अहंकार

क्रमेणाऽयं वृक्षः प्रतिदिनमहो! खं स्पृशति वै
तथैवाहङ्कारो दिनमनुदिनं वृद्धिमयते
परं वृक्षच्छाया शमयति च तापं ननु सतां
मदोन्मत्तो लोकस्त्वमहमिकायां विहरते।।

(अहंकारशतकम् / 37)

जिस प्रकार वृक्ष प्रतिदिन बढ़ते हुए गगनचुम्बी होता है वैसे ही अहंकार मन में प्रतिदिन बढ़ता रहता है। वृक्ष की छाया तो मनुष्य को ताप से बचाता है पर अहंकार हमेशा हानि ही करता है तथापि अहंकारी अहंकार में भी भ्रमण करता है।

शिक्षा—अहंकार सदैव हानि को ही निमंत्रण देता है।

Just as a tree grows day by day, the ego continues to grow in the mind every day. The shade of a tree at least protects human beings from the heat, but ego always causes damage. However, the egoist walks around full of ego.

Message—Inflating ego or to nurture ego ends up only in damage.

अहंकार सर्वथा त्याज्य

अहङ्कारान्मोहस्तदनु वपते द्वैषकलिका
तत क्रोधस्तस्मात् भवति विकृतिश्चित्तमलिनम्।।
क्रमान्नाशः पाशो विकृतमनुजं नह्यति पुनः
मदोन्मत्तो लोकस्त्वहमहमिकायां विहरते।।
(अहंकारशतकम्/96)

अहंकार से मोह, उससे द्वेष उत्पन्न होता है, फिर क्रोध फिर चित्त में विकार होता है। इस प्रकार नाश रूपी पाश से बंधा हुआ अहंकार में ही भ्रमण करता है।।96।।

शिक्षा–अहंकार त्याज्य है क्योंकि इसी से मोह, द्वेष, क्रोध आदि दुर्गुण उत्पन्न होते हैं।

Pride arises from the ego, and then animosity, anger and disorder in the mind follow. Thus, a person trapped with declining virtues travels in ego.

Message—*Ego is the root cause of anger, animosity, hostility and other destructive disorders.*

आत्मास्वरूप मित्र

व्यसनान्नित्यभीतो यः समृद्धया यो न दुष्यति।
यत् स्यादेवंविधं मित्रं तदात्मसममुच्यते।।
(उद्यो. पर्व 80.20)

जो मित्र पर विपत्ति आने की सम्भावना से सदा डरता रहता है और उसकी उन्नति को देखकर मन ही मन ईर्ष्या नहीं करता है, ऐसे मित्र को अपनी आत्मा के समान बताया गया है।

शिक्षा–आपके लिए सतत चिंतित रहने वाला और आपकी उन्नति से ईर्ष्या न करने वाला मित्र स्वयं आपकी आत्मा के समान है।

That friend is like your own self, who is always scared of the probability of any calamity on his friend and does not envy when finds him prosperous.

Message—*A friend who is always concerned about your well-being and feels delighted with yourself is like your second success and rise.*

शत्रु का समूल नाश क्यों?

**शत्रुशेषमृणाच्छेषं शेषमग्नेश्च भूमिप।
पुनर्वर्धेत सम्भूय तस्माच्छेषं न शेषयत्।।**
(हरि. पर्व 20.131)

हे राजन्! यदि शत्रु को, ऋण को तथा अग्नि को (थोड़ा-सा भी)
बाकी रहने दिया जाए तो ये फिर इकट्ठा होकर बढ़ने लगते हैं,
इसलिए इनके शेष को भी शेष न रहने दें।
शिक्षा—शत्रु, ऋण तथा अग्नि समूल समाप्त करने के लिए
आवश्यक है।

*O King! A small remnant of enemy, debt and fire accumulates again
and increase. Therefore, one should not let exist even their remains of
remainder.*

Message—*Enemy, debt and fire are to be eradicated completely else they
erupt again.*

दूसरों की जय से पहले खुद को जय करें

आत्मा जेयः सदा राज्ञा ततो जेयाश्च शत्रवः।
अजितात्मा नरपतिर्विजयेत कथं रिपून्।।

(शान्तिपर्व 69/4)

राजा को सबसे पहले सदा अपने मन पर विजय प्राप्त करनी चाहिए, उसके बाद शत्रुओं को जीतने की चेष्टा करनी चाहिए। जिस राजा ने अपने मन को नहीं जीता, वह शत्रु पर विजय कैसे पा सकता है।

शिक्षा—शत्रुओं पर विजय से पहले राजा को स्वयं पर विजय प्राप्त करनी चाहिए।

A King should first conquer himself and then his enemies. How can a King, who has not conquered himself, be able to conquer his enemies.

Message—King should conquer his instincts before conquering his enemies.

शत्रु के प्रति सजगता

न च शत्रुरवज्ञेयो दुर्बलोऽपि बलीयसा।
अल्पोऽपि हि दहत्यग्निर्विषमल्पं हिनस्ति च।।
(शान्ति पर्व 58.97)

बलवान् पुरुष कभी दुर्बल शत्रु की भी अवहेलना न करे अर्थात् उसे छोटा समझकर उसके प्रति लापरवाही न दिखावे, क्योंकि आग थोड़ी सी हो तो भी जला डालती है विष कम मात्रा में हो तो भी मार डालता है।

शिक्षा—दुर्बल शत्रु के प्रति भी सावधानी रखें।

A mighty man should never ignore or be negligent towards even his weakest enemy, because even a little fire is sufficient to burn and even a little poison is sufficient to kill.

Message—Even a weak enemy should not be avoided because such negligence may cause great harm.

बैरी शत्रु से दूरी

न चासन्ने निवस्तव्यं सवैरे वर्धिते रिपौ।
पातयेत् तं समूलं हि नदीरय इव द्रुमम्।।
(हरि. मा. 20.135)

वैर रखने वाले शत्रु के समीप वास नहीं करना चाहिए। वह (शत्रु) नदी के वेग के समान उसे वृक्ष की भाँति समूल उखाड़ फेंकता है।
शिक्षा—बैरी शत्रु से निश्चित दूरी रखनी चाहिए।

One should not stay near a person, whose heart is full of enmity. Such person uproots him just as the current of river water uproots the tree standing on its bank.

Message—An enemy, with a heart full of animosity, is someone from whom one should maintain safe distance.

राजा का निदंक कौन?

प्रभवन्तं पदस्थं हि पुरुषं कोऽभिभाषते।
पण्डितः शास्त्रतत्त्वज्ञो विना प्रोत्साहनेन वा।।
(रामायण साहस्त्री–यु. कां. 36,7)

शत्रु के प्रोत्साहन के बिना कौन बुद्धिमान् और विद्वान् व्यक्ति प्रभावशाली एवं पद (राज्य) पर प्रतिष्ठित पुरुष (राजा) को कटुवचन कह सकता है?

शिक्षा–राजा को कटुवचन वही कहेगा जिसे स्वयं शत्रु प्रोत्साहित करे।

An intelligent and scholarly man can't utter harsh words to the King without instigation of enemy.

Message—*A renowned King will be condemned or ridiculed only when the enemy is supporting such condemnation.*

राजा की बहुदर्शिता

राजानो बहुदर्शिनः।
(रामायण साहस्त्री–कि.कां. 2.23)

राजा लोग बहुदर्शी होते हैं अर्थात् शत्रुओं अथवा प्रजा की सभी बातों को अनेक उपायों (दूतादि) द्वारा जानते रहते हैं।

शिक्षा—दूत का उपयोग राजा अपनी आँख व कान के समान करे।

The King has unlimited sources to seek inputs and feedback about enemies and his subjects. Hence, King is omnipresent.

Message—*King is omnipresent by virtue of his human resources like envoys and secret agents.*

Deception
(1-20)

राजा के अहितकारी पुत्र

औरस्यानपि पुत्रान् हि त्यजन्त्यहितकारिणः।
समर्थान् सम्प्रगृहणन्ति जनानपि नराधिपाः।।
(रामा./अयोध्या./27/36)

शासक अपना अहित करने वाले सगे पुत्रों को भी त्याग देते हैं, परन्तु हित करने में समर्थ अन्य लोगों को स्वीकार कर लेते हैं।

शिक्षा–विरुद्धाचरण करने वाले हानिकर पुत्र भी छोड़ दिए जाते हैं।

The Rulers disown even their own real sons, who are detrimental to them, while they accept such other persons, who are beneficial.

Message—*Even real sons, who act against, are disowned by the Ruler.*

शत्रु के सामने शक्ति प्रदर्शन

निर्विषेणापि सर्पेण कर्तव्या महती फणा।
विषं भवन्तु वा मा भूत् फणाटोपो भयंकरः।।
(पञ्च./मित्रभेद/225)

चाहे साँप विषरहित हो, तो भी उसे अपना फण फैलाकर शत्रु को डरा देना चाहिए, क्योंकि विष न होने पर भी फण का फैलाव ही भयंकर होता है।

शिक्षा—सामर्थ्य के अभाव में भी शक्ति–प्रदर्शन से शत्रु को भयभीत करना चाहिए।

Even though a snake is non-poisonous, yet it should spread its hood because by doing so, the enemy can be frightened.
Message—*Despite being harmless, the show of power and might keeps the enemy under limits.*

बलवान शत्रु का सामना कैसे

द्वावुपायाविह प्रोक्तौ विमुक्तौ शत्रुदर्शने।
हस्तयोश्चालनादेको द्वितीयः पादवेगजः।।
(पञ्च./मित्रसं/169)

शत्रु जब दिखाई दे, तो उससे बचने के दो ही उपाय हैं। पहला उपाय तो है कि हाथों की शक्ति से उसका सामना करना और दूसरा उपाय पैरों द्वारा तेजी से भाग जाना है।
शिक्षा—समर्थ मनुष्य को हाथों की शक्ति से शत्रु को परास्त कर देना चाहिए, परन्तु असमर्थ को तो शत्रु से दूर भाग जाना चाहिए।

On an encounter with the enemy, there are two options: either one has to face him with physical strength, or when the enemy is stronger, one should run away to save himself.

Message—A powerful person should face the enemy, but if someone is weak, it's better to escape.

आन्दोलन में नेतृत्व कर्ता को हानि

न गणस्याग्रतो गच्छेत् सिद्धे कार्ये समं फलम्।
यदि कार्यविपत्तिः स्यात् मुखरस्तत्र हन्यते।।
(हितो. / मित्रला. / 29)

किसी आन्दोलन में सबसे आगे होकर नहीं चलना चाहिए। उस आन्दोलन से कुछ लाभ होने पर सभी को समान भाग प्राप्त होगा और यदि कोई संकट आएगा तो नेतृत्व करने वाला ही मारा जाएगा।

शिक्षा—आन्दोलनकारियों में नेतृत्व करने वाले को हानि उठानी पड़ती है।

During any movement, one should not lead others. In case there is some gain, all will enjoy equal credit, but if any adversity occurs, the leader has to suffer.

Message—*The leader of any movement has to face troubles.*

शत्रु का वशीकरण

न यत्र शक्यते कर्तुं साम दाममथापि वा।
भेदस्तत्र प्रयोक्तव्यो यतः स वशकारकः।।
(पंच / ल.प्र. / 80)

जहाँ साम या दाम नीति से सफलता न मिले, वहाँ भेद नीति का प्रयोग करना चाहिए क्योंकि यह नीति शत्रु को वश में कर सकती है।

शिक्षा—भेद नीति शत्रु को वश में करने के लिए साम तथा दाम नीतियों से उत्कृष्ट होती है।

The situation where the policy of reconciliation and appeasement fails, there the policy of division should be used, as this policy can control the enemy.

Message—*Policy of division is superior to the policies of reconciliation and appeasement while controlling the enemy.*

शत्रु का मारण कैसे?

नवनीतसमां वाणीं कृत्वा चित्तं तु निर्दयम्।
तथा प्रबोध्यते शत्रुः सान्वयो म्रियते यथा।।
(पञ्च./मित्रभे./359)

शत्रु से बात करते समय वाणी को मक्खन के समान कोमल बना लेना चाहिए पर ह्रदय को दयाहीन रखना चाहिए। मीठी वाणी से शत्रु को ऐसे वश में कर लेना चाहिए, जिससे वह सभी संगी–साथियों के साथ मारा जा सके।

शिक्षा–कोमल वाणी का प्रयोग कर शत्रु को अवसर पाकर मार देना चाहिए।

The enemy should be talked with utmost softness but heart should remain firm. The enemy should be controlled with sweet voice so that he can be destroyed with all his companions.

Message—*With soft spoken words and balanced use of brain, enemy should be destroyed at the right time and opportunity.*

गुप्त रीति से सफल कार्यान्वयन

यस्य कृत्यं न जानन्ति मन्त्रं वा मन्त्रितं परे।
कृतमेवास्य जानन्ति स वै पण्डित उच्यते।।
(वि.नी. / 1 / 23)

जिसके कार्य अथवा सोची-समझी हुई योजना को शत्रु नहीं जान पाते, परन्तु केवल समाप्त किए कर्म को ही जान पाते हैं, वही व्यक्ति बुद्धिमान कहा जाता है।
शिक्षा—कार्यों को गुप्तरीति से ही पूर्ण करने वाला व्यक्ति बुद्धिमान् होता है।

A person is wise, whose acts and well consulted scheme is not ascertained by an enemy, but whose work is known only after completion.
Message—*The person who completes his works in a discreet way is called wise.*

नीतिज्ञ द्वारा लक्ष्मी प्राप्ति

या हि प्राणपरित्यागभूतेनापि न लभ्यते।
सा श्रीर्नीतिविदं पश्य चंञचलाऽपि प्रधावति।।
(हितो / सन्धि. / 48)

जो लक्ष्मी प्राणत्याग करने वाले को भी प्राप्त नहीं हो पाती, वही नीतिज्ञ व्यक्ति के पास दौड़ती हुई स्वयं आ जाती है।

शिक्षा–नीति में कुशल व्यक्ति लक्ष्मी (ऐश्वर्य) सहजता से प्राप्त कर सकता है।

Only he can achieve wealth, who is diplomatic and follows policy.

Message—*A diplomat and policy-maker can easily earn wealth.*

शत्रुता छिपाने में बुद्धिमत्ता

यदपसरति मेषः कारणं तत् प्रहर्तुम्।
मृगपतिरपि कोपात् संङ्कुचत्युत्पतिष्णुः।।
हृदयनिहितवैरा गूढमन्त्रोपचाराः
किमपि विगणयन्तो बुद्धिमन्तः सहन्ते।।
(पञ्च./काको./41)

मेढ़ा लड़ते समय जो पीछे हटता है, वह उग्र टक्कर मारने के लिए ही ऐसा करता है। शेर भी ऊँची छलांग लगाने के लिए संकुचित हो जाता है, इसी प्रकार बुद्धिमान व्यक्ति मन में शत्रुता को छिपाते हुए गूढ़ मन्त्रणा करके किसी विशेष उद्देश्य से सभी प्रकार के कष्ट सह लेते हैं।

शिक्षा–बुद्धिमान नीतिज्ञ पीछे हटकर तेजी से शत्रु पर आक्रमण कर उसे परास्त कर देते हैं।

A Ram (male sheep) steps back while fighting to attack furiously. A lion desiring a high jump contracts its body. In the same way, wise persons, hiding enmity in minds consulting very secretly, tolerate all things to achieve the discreet and desired objective.

Message—*A wise man, after retreating back, attacks the enemy furiously and defeats him.*

बलवान शत्रु से आचरण

बलवन्तं रिपुं दृष्ट्वा नैवात्मानं प्रकोपयेत्।
बलवद्भिश्च कर्त्तव्या शरच्चन्द्रप्रकाशता।।

(पञ्च./मित्रभेद/247)

बलवान् शत्रु को देख कर उसके प्रति क्रोध नहीं दिखाना चाहिए, प्रत्युत बलवानों के साथ तो ऐसी शांतिदायक बात करनी चाहिए, जैसे चाँद की चाँदनी से शांति प्राप्त होती है।

शिक्षा–बलवान शत्रु से मधुर व्यवहार ही करना चाहिए, उसे क्रोध नहीं दिखाना चाहिए।

Seeing a powerful enemy, one should not show anger, but he should behave to appease him with sweet behaviour like the pleasing light of the moon.

Message—*In front of a strong enemy, one should never show his dissent and should behave in a polished way.*

वशीकरण की विधि

यस्य–यस्य हि यो भावस्तेन तेन समाचरेत्।
अनुप्रविष्य मेधावी क्षिप्रमात्मवशं नयेत्।।
(पञ्च./मित्रभेद./70)

जिसे वश में करना हो, उसकी इच्छा के अनुकूल कार्य करते हुए मेधावी पुरूष को तद्नुसार उसे अपना बनाकर धीरे–धीरे अपने वश मे कर लेना चाहिए।

शिक्षा–प्रतिकूल व्यक्ति को तद्नुसार कार्य करते हुए हितचिन्तक बन कर अपने अनुकूल कर लेना चाहिए।

A wise man should work in accordance with the wishes and aspirations of the man he wishes to win over.

Message—*After winning confidence, even adverse conditions can also be made conducive by a wise man.*

मौन श्रेयस्कर

स्वायत्तमेकान्तहितं विधात्रा विनिर्मितं छादनमज्ञतायाः।
विशेषतः सर्वविदां समाजे विभूषणं मौनमपण्डितानाम्।।
(भर्तृ./नीतिशतकम्/6)

विधाता ने अपने ही अधीन रहने वाले और मूर्खता को ढ़कने वाले साधन की रचना की है और वह है मौन (चुप्पी), जो कि विशेषरूप से बड़े–बड़े विद्वानों की सभा में मूर्खों के लिए अलंकार का कार्य करता है।

शिक्षा–विद्वानों की सभा में मूर्खों के लिए चुप रहना ही हितकर होता है।

Almighty has made silence as a tool that is inherent, covers up the fools and works like an ornament in the gathering of intellectuals.
Message—*It is wise for fools to stay silent in the gathering of intellectuals.*

परामर्श सदैव एकान्त में

वर्णाकार–प्रतिध्वानैर्नेत्रवक्त्रविकारतः।
अप्यूहन्ति मनो धीरास्तस्माद् रहसि मन्त्रयेत्।।
(हितो. / विग्रह. / 32)

समझदार लोग रंग, आकृति, प्रतिध्वनि, आँखों और मुख पर आए चिन्हों को देखकर ही मन में स्थित गुप्त रहस्यों को समझ जाते हैं, अतः परामर्श एकान्त में ही करना चाहिए।

शिक्षा–बाह्य संकेतों द्वारा कोई गुप्त रहस्यों को न समझ पाए, इस हेतु परामर्श एकान्त में ही करना चाहिए।

Wise persons can guess inner secrets by observing colour, complexion, shape, resonance, eyes and face. Therefore, all secrets should be consulted at a lonely place.

Message—*All secret things should be discussed at a lonely place to avoid being guessed by visible footprints.*

मित्रों और शत्रुओं को पहचानने की रीति

वेदितव्यानि मित्राणि विज्ञेयाश्चापि शत्रवः।
एतत् सुसूक्ष्मं लोकेऽस्मिन् दृश्यते प्राज्ञसम्मतम्।।
(महाभा. / शान्ति. / 138 / 137)

अपने मित्रों और शत्रुओं की पहचान बहुत ध्यानपूर्वक करनी चाहिए क्योंकि बुद्धिमान लोग कहते हैं कि इनकी पहचान बहुत ही सूक्ष्म (गुप्त) रीति से ही हो सकती है।

शिक्षा—अपने मित्रों और शत्रुओं की पहचान बहुत सूक्ष्म रीति से करनी चाहिए।

Friends and enemies should be verified carefully because their distinction can be made by discreet and peculiar methods.

Message—Friend and enemies should be recognized by quiet and hidden methods.

शांत रहना श्रेयस्कर

नापृष्टः कस्यचिद ब्रूयात् न चान्यायेन पृच्छतः।
जानन्नपि हि मेधावी जडवल्लोक आचरेत्।।
(मनु./12/110)

बिना पूछे किसी को कोई बात नहीं कहनी चाहिये और यदि कोई अनुचित ढ़ंग से पूछे तो भी नहीं बोलना चाहिये।
बुद्धिमान को ऐसी स्थिति में प्रश्न का उत्तर जानते हुये भी मूढ़ मनुष्य के समान अज्ञान प्रकट करना चाहिये।
शिक्षा–बोलिये तभी जब कोई प्रेमपूर्वक जानना चाहे।

Nothing should be spoken unless someone asks himself; if someone asks in a wrong way, one should remain silent. In such a case, even knowing the answer of the question, a wise man should behave as if he is ignorant of the fact.

Message—*Generally, silence should be observed unless someone asks genuinely.*

प्रतिकूल समय में शांति

यदा तु स्यात् परिक्षीणो बाहनेन बलेन च।
तदाऽऽसीत प्रयत्नेन शनकैः सान्त्वयन्नरीन्।।
(मनु./तृतीय अध्याय/172)

राजा जब हाथी, घोडा, ऊँट, रथ इत्यादि वाहनों से और सेना से (अभावग्रस्त) हो, उस समय शत्रुओं को धीरे-धीरे कोपरहित करने की चेष्टा करता हुआ (अपकारचेष्टा के वर्जनादि से आक्रमण का परिहार करके समय की प्रतीक्षा करता हुआ) चुपचाप रहे।

शिक्षा—शत्रु पर प्रहार के लिए उचित समय व संसाधन की प्रतीक्षा करनी चाहिए।

When the King is devoid of elephants, cavalry, camels and vehicles like chariots and army, he should slowly make efforts to prevent the anger of enemy and wait for the right time to attack.

Message—In adversities, a King should weigh his options, prevent direct army connfrontation and wait for a right opportunity for the next attack.

विश्वास

विश्वस्ते नाति विश्वसेत्।
(उद्यो. पर्व 3/8)

जो विश्वास का पात्र है, उस पर अधिक विश्वास न करें।
शिक्षा—अविश्वास का छींटा सर्वाधिक विश्वसनीय पर भी रखें।

One should not have too much trust on a person who seems trustworthy.
Message—*Always keep an iota of distrust with most trusted ones as well.*

शत्रु से कूटनीतिपूर्ण व्यवहार

हीयमानेन कर्तव्यो राज्ञा सन्धिः समेन च।
न शत्रुमवमन्येत ज्यायान् कुर्वीत विग्रहम्।।
(रामायण साहस्त्री—यु.कां. 35,9)

राजा को चाहिए कि कम शक्ति तथा समान शक्ति वाले शत्रु के साथ सन्धि एवं अपने से अधिक शक्ति वाले शत्रु का भी अपमान न करे। स्वयं अधिक शक्तिशाली हो तो शत्रु के साथ युद्ध करे।
शिक्षा—राजा यदि शत्रु से शक्तिशाली हो तो युद्ध करे अन्यथा संधि कर रहे परन्तु शत्रु को अपमानित कदापि न करे।

A King should maintain treaty with fellow Kings who are weaker or at par in might. You should never humiliate someone mightier than you. War is the option only if the King feels that he is superior in strength than his adversary.

Message—War should be opted only as the last resort. King should not humilate fellow King mightier than him.

बिना युद्ध के शत्रु विजय का महात्म्य

अनष्टसैन्यो हानवाप्तसंशयो रिपुं त्वयुद्धेन जयञ्जनाधिपः।
यशश्च पुण्यञ्च महान्महीपते श्रियञ्च कीर्तिञ्च चिरं समश्नुते।।

(रामायण साहस्त्री—यु.कां. 64,36)

महाराज! बिना युद्ध के शत्रु पर विजय प्राप्त करने वाले राजा की सेना नष्ट नहीं होती और उसका जीवन भी संशय में नहीं पड़ता। महीपते! ऐसा राजा महान् यश और पुण्य को प्राप्त करता हुआ चिरकाल तक राज्यलक्ष्मी एवं कीर्ति का उपभोग करता है।

शिक्षा—शत्रु पर विजय सदैव युद्ध से ही नहीं बल्कि कूटनीति से भी संभव है, जिसके प्रभावस्वरूप न केवल लोकप्रियता की प्राप्ति होगी बल्कि राज्य भी समृद्ध होगा।

A King, who wins over his enemy without going to war, can save his army from destruction and his life from perils. He attains the highest level of bliss and popularity and leads the life with fame, glory and prosperity for perpetuity.

Message—Winning a war without going for it is a hallmark of diplomacy.

गुप्त शत्रु

अरयश्च मनुष्येण विज्ञेयाश्छद्मचारिणः।
(रामायण साहस्त्री—कि.कां. 2.22)

मनुष्य (राजा) छद्मवेश में विचरने वाले शत्रुओं को पहचानने का प्रयत्न करें।

शिक्षा—राजा छद्मवेशी शत्रुओं से सावधान रहे।

A King should endeavour to identify the enemies surrounding him in the garb of goodness.

Message—A King should master the art of deception and spot the enemies in garb.

Decision Making and Diplomacy (1-13)

संतुलित शासक का प्रभाव

जानाति विश्वासयितुं मनुष्यान् विज्ञातदोषेषु दधाति दण्डम्।
जानाति मात्रां च तथा क्षमां च तं तादृशं श्रीर्जुषते समग्रा।।
(वि.नी./1/110)

जो शासक मनुष्यों को विश्वास दिला सकता है, अपराधियों को जान लेने पर दण्ड देता है, दण्ड की मात्रा तथा क्षमा की सीमा को भी जानता है, ऐसे ही शासक से लक्ष्मी प्यार करती है।
शिक्षा—जो शासक श्रेष्ठों को अनुकूल कर
दुष्टों को उचित दण्ड देता है, वही लक्ष्मी को प्राप्त करता है।

A Ruler, who wins trust in public at large, punishes culprits after proven guilty, knows proportion between quantum of punishment and rationality of forgiveness, is blessed by Goddess Laxmi.
***Message**—Judicious Ruler, who wins faith by his righteousness, is showered with prosperity.*

निष्पाप हत्या

पिता वा यदि वा भ्राता पुत्रो भार्याऽथवा सुहृद्।
प्राणद्रोहं यदा गच्छेद्ध-न्तव्यो नास्ति पातकम्।।
(पञ्च./मित्रभे./375)

यदि पिता, भाई, पुत्र, पत्नी अथवा मित्र प्राणों को लेने पर उतारू हो जाए तो प्रतिरक्षा करनी चाहिए। ऐसी प्रतिरक्षा अपराध नहीं कहलाती।

शिक्षा—किसी भी संबंधी से यदि जीवन–नाश की संभावना हो तो उसके सामने प्रतिरक्षा करने में कोई पाप नहीं।

※ ※

If the father, brother, son, wife, or the friend intends to kill, that should be right to self defence. Such kind of self defence is not taken as a crime.

Message—*If any relative intends to kill, you can protect yourself with equal force. This action is not considered a crime or sin.*

निर्णय से पूर्व परामर्श

नैकाकी निर्णयं कुर्यादिष्टे कृत्यविधौ क्वचित्।
सम्भवन्ति बुधस्यापि दोषा वै विभ्रमादयः॥
(विद्यापति–पुरूषपरीक्षा / 1 / 1 / 7)

किसी भी वांछनीय कार्य को करने के ढंग में मनुष्य को स्वयं अकेले ही निर्णय नहीं लेना चाहिए, क्योंकि चाहे कोई कितना भी ज्ञानी हो, वह भी भ्रान्त होकर गलत निर्णय ले सकता है।

शिक्षा–किसी कार्य को करने की विधि, सहयोगियों से परामर्श करके ही निश्चित करनी चाहिए।

Before beginning any desired work, its method should not be decided alone, because even wise persons may take a decision equipped with uncertainty.

Message—*The method for doing any work should be consulted and then finalized with the help of appropriate advice.*

बुद्धिमान कौन?

मन्त्रिणां भिन्नसन्धाने भिषजां सान्निपातिके।
कर्मणि व्यज्यते प्रज्ञा स्वस्थे को वा न पण्डितः।।
(पञ्च./मित्रभेद./332)

मंत्री की परीक्षा दो विरूद्ध राष्ट्रों में संधि करवाने में और चिकित्सकों की परीक्षा शरीर में अनेक रोगों के एक साथ होने में होती है। इस प्रकार अपने कर्म में सफल होने वाला ही बुद्धिमान है। भला स्वस्थ व्यक्ति को ठीक करने में कौन बुद्धिमान नहीं है अर्थात् स्वस्थ व्यक्ति को तो कोई भी ठीक कर सकता है।

शिक्षा–बातें बनाना तो सभी जानते हैं, परन्तु आरंभ किए गए कार्य में जो सफलता पा लेते हैं, वे ही वस्तुतः बुद्धिमान हैं।

The test of a minister is during the treaty between two enemy nations and the test of a doctor is in the treatment of such a patient, who is suffering from many diseases. In this way, all can be successfully tested in their work. There is no brilliance in showing wisdom to an already existing right thing.

Message—*They are worthy, who get success in difficult tasks.*

किन कार्यों का शीघ्र सम्पादन

शीघ्रकृत्येषु कार्येषु विलम्बयति यो नरः।
तत्कृत्यं देवतास्तस्य कोपाद् विघ्नन्त्यसंशयम्।।
(पञ्च. / कामों. / 197)

जिन कार्यों को शीघ्रता से सम्पादित करना चाहिये, जो व्यक्ति उन्हें लम्बित करता है, दिव्य शक्तियाँ क्रोधित होकर उस कार्य से होने वाले फल से उसे वंचित कर देती हैं, इसमें कोई संशय नहीं होता।
शिक्षा—शीघ्र करने योग्य कार्यों को देर से करने से लाभ प्राप्त नहीं होता।

A work, which should be executed expeditiously, if delayed by a person, the divine power being annoyed, deprive him of the fruits of the good work.

Message—Never delay a good work, else you will lose its credits and applause.

सेवक और आभूषण का उचित स्थान

स्थानेष्वेव नियोक्तव्या भृत्याश्चाभरणानि च।
न हि चूड़ामणिः पादे प्रभवामीति बध्यते।।
(पञ्च./मित्रभेद/74)

मनुष्य को चाहिए कि प्रत्येक सेवक और आभूषण को उचित स्थान पर ही लगाए। स्वयं को प्रभावशाली समझकर सिर के आभूषण को पैर में कोई नहीं पहनता।
शिक्षा—यथास्थान पर ही लगाए भृत्यों से लाभ तथा आभूषणों से शोभा प्राप्त होती है।

A man should utilize his servants and ornaments at their proper places. Nobody, thinking himself influential, decorates his foot with the head ornaments.
Message—The servants deputed at proper places become beneficial like the ornaments that adorn earmarked places.

याचना सभी से नहीं

रे रे चातक सावधानमनसा मित्र क्षणं श्रूयताम्,
अम्भोदा बहवो वसन्ति गगने सर्वे तु नैतादृशाः।
केचिद् वृष्टिभिरार्द्रयन्ति वसुधां गर्जन्ति केचिद् वृथा,
यं यं पश्यसि तस्य तस्य पुरतो मा ब्रूहि दीनं वचः।।
(भर्त्/नीतिशतकम्/47)

हे चातक ध्यानपूर्वक हमारी बात को सुन लो कि आकाश में अनेक बादल हैं परन्तु सब एक जैसे नहीं हैं। उनमें से कुछ तो जल से पृथ्वी को तृप्त कर देते हैं परन्तु कुछ केवल गरजते ही हैं। इसलिए तुम जिस–जिस भी बादल को देखते हो, दीन बनकर उसी से मत माँगो, केवल दाता से ही माँगो।

शिक्षा–याचना केवल उदार के सामने करो।

O Skylark! Listen to my words attentively. There are many clouds in the sky; some of them please earth with water, but some of them thunder uselessly. So, don't beg before everyone as if you are a pauper, only beg before the benevolent and generous.

Message—*Don't express your deplorable condition before unworthy people as it will only cause embarrassment.*

नीतिकुशल राजा सर्वोच्च

सर्वोपायैस् तथा कुर्यान् नीतिज्ञः पृथिवीपतिः।
यथाऽस्याऽभ्यधिका न स्युर् मित्रोदासीनशत्रवः।।
(मनु./तृतीय अध्याय/177)

नीति को जानने वाला राजा सभी उपायों से वैसा कार्य करे जैसे उस के मित्र राजा, उदासीन राजा और शत्रु राजा भी उस से अधिक बलवान न हो।

शिक्षा–राजा को इस प्रकार से नीति निर्धारण करना चाहिए ताकि उसके समकक्ष राजा उससे आगे न निकल सकें।

A King, well-versed in policy decisions, should act with all his resources and means as if his friendly King (Nation), neutral King (Nation) or enemy King (Nation) are not empowered.

Message—A King should utilize his resources in policy making and implement them so that his fellow Kings can't compete with him.

सज्जनता या अभिमान : स्वयं का निर्णय

विद्यामदो धनमदस्तृतीयोऽभिजनो मदः।
मदा एतेऽवलिप्तानामेत एव सतां दमाः।।
(उद्यो. पर्व 34.44)

विद्या का मद, धन का मद और तीसरा ऊँचे कुल का मद है। ये घमंडी पुरुषों के लिए तो मद हैं, परन्तु ये (विद्या, धन और कुलीनता) ही सज्जनों के लिए नियंत्रण के साधन हैं।

शिक्षा—विद्या, धन या उच्च कुल घमंड का कारण बनेंगे या स्वयं पर संयम का, ये व्यक्ति पर निर्भर करेगा।

In case of an arrogant person, knowledge, wealth and lineage are the three prides, but for a noble person, these are the self-restraints.

Message—*Knowledge, wealth or high lineage will make you arrogant or humble, depending on the individual's character.*

राजा का संतुलित व्यवहार

मृदुर्हि राजा सततं लङ्घयो भवति सर्वशः।
तीक्ष्णाच्चोद्विजते।।
(शान्तिपर्व 56/21)

जो राजा सदा सब प्रकार से कोमलतापूर्ण वर्ताव करने वाला ही होता है, उसकी आज्ञा का लोग उल्लंघन कर उठते हैं और केवल कठोर बर्ताव करने से भी सब लोग उद्विग्न हो उठते हैं।

शिक्षा–राजा को अपने व्यवहार में संतुलित रहना चाहिए, न अधिक मृदुलता और न अत्यधिक कठोरता।

If a King is mild, people start disobeying his orders. On the other hand, if he is always fierce, his subjects become agitated.

Message—*A King should balance his behaviour and should neither be too mild nor too harsh.*

न्याय प्रशासन में त्वरित निर्णय

कार्यार्थिनां विमर्दो हि राज्ञां दोषाय कल्पते।
(रामायण साहस्त्री—उ.कां. 53,25)

कार्यार्थी (सेवा—नियुक्ति अथवा न्याय आदि के लिए प्रार्थना करने वाले) लोगों की भीड़ अथवा जमघट हो जाने पर राजाओं की निन्दा होने लगती हैं।

शिक्षा—राजा को चाहिए कि वह न्याय और प्रशासन में त्वरित कार्य निष्पादन करे।

Where applicants of employment or justice are gathered as a mob, criticism of the King is inevitable.

Message—*The King should administer justice to all without being asked upon. This will protect him from public criticism and enhance his popularity.*

जल्दबाजी का दुष्परिणाम

चपलस्य तु कृत्येषु प्रसमीक्ष्याधिकं बलम्।
छिद्रमन्ये प्रपद्यन्ते क्रौञ्वस्य खमिव द्विजाः।।
(रामायण साहस्त्री–यु.कां. 12.33)

विपक्षी के बल को अपने से अधिक जान कर, हर काम में जल्दबाजी करने वाले राजा का दमन करने के लिए, शत्रु उसी तरह उसके छिद्र ढूँढ़ते रहते हैं जैसे क्रौञ्व (पर्वत) को लांघने के लिए पक्षी।

शिक्षा–शत्रु की सही स्थिति जानकर धैर्यपूर्वक लिए गए निर्णय राजा को आगामी विपदा से बचाते हैं।

A King, who makes hasty decisions, thinking his enemy is overpowering, his enemies wait for opportunities to eliminate him, in the same way, as the birds search for a hole in a mountain to cross it.

Message—*The enemy always looks for opportunities in fellow enemy's armour like a bird does in the mountain ranges.*

स्वविवेक से कार्य न करने वाला राजा

न ह्यबुद्धिं गतो राजा सर्वभूतानि शास्ति हि।
(रामायण साहस्त्री–कि.कां. 2,18)

अपनी बुद्धि का उपयोग न करने वाला राजा सम्पूर्ण प्रजा पर शासन नहीं कर सकता।

शिक्षा—शासक को स्वविवेक पर विश्वास कर निर्णय लेना श्रेयस्कर है।

A King, who doesn't utilize his own wisdom to accomplish the aim of good governance, cannot rule on the entire country and its subjects.

Message—A King should utilize his wisdom to achieve good governance and full grasp on the State issues.

People First
(1-7)

राजा व प्रजा के मध्य स्नेह

ऋजुः पश्यति यः सर्वं चक्षुषानुपिबन्निव।
आसीनमपि तूष्णीकमनुरज्यति तं प्रजाः।।
(वि.नी. / 2 / 23)

जो शासक सम्पूर्ण प्रजा को स्नेहपूर्ण दृष्टि से देखता है, मानो वह उन्हें प्रेम से पी रहा हो। चाहे वह बैठा हो और चुप भी हो, तो भी प्रजाएँ उससे स्नेह ही करती है।
शिक्षा—प्रेमपूर्ण दृष्टि से सम्पूर्ण प्रजा को देखने वाला शासक प्रजा का प्रेमपात्र बन जाता है।

The Ruler, who looks at the public with affection, as if he is taking them in his mind with love, is loved by the public, inspite of he being silent.
Message—*The Ruler, who looks at the public with love, gets back their love.*

पूजनीय शासक कौन?

नयनाभ्यां प्रसुप्तो वा जागर्ति नय–चक्षुषा।
व्यक्तक्रोधप्रसादश्च राजा पूज्यते जनैः।।
(रामा./अरण्य./33/21)

जो शासक (राजा) आँखों से सोता हुआ भी चक्षुरूप नीति से जागता रहता है अर्थात सावधानीपूर्वक नीति का प्रयोग करता है और जिसका क्रोध और कृपा प्रभावशाली होते हैं, उसे ही लोग पूजते हैं।
शिक्षा–नीतिकुशल और क्रोध तथा कृपा का सदुपयोग करने वाला ही शासक पूजनीय होता है।

The King, who, even while closing his eyes, remains vigilant in his action and ideas, whose dissent and kindness are effective, only he is worchipped by the public.
Message—*The Ruler, who is expert in policy making and possesses effective dissent and kindness, becomes venerable.*

जनता का प्रिय कौन?

**चक्षुषा मनसा वाचा कर्मणा च चतुर्विधम्।
प्रसादयति यो लोकं तं लोकऽनुप्रसीदति।।**
(वि.नी. / 2 / 25)

जो व्यक्ति दृष्टि, मन, वचन और व्यवहार इन चारों प्रकार से लोगों को प्रसन्न करने की चेष्टा करता है, वही जनता का प्रेमपात्र बन जाता है।

शिक्षा—व्यक्ति समग्र प्रयास से लोकप्रिय हो जाता है।

The person who pleases others by his heart, words and behaviour, is loved by the public.

Message—*A leader, who makes comprehensive sincere efforts, becomes popular among masses.*

अत्याचारी शासक का सर्वनाश

प्रजापीडन-संतापात् समुद्भूतो हुताशनः।
राज्ञः कुलं श्रियं प्राणांश्चादग्ध्वा न निवर्तते।।
(याज्ञ./स्मृ/341)

शासक द्वारा प्रजा को पीड़ित करने के संताप से जो अग्निरूप विरोध प्रकट होता है, वह शासक के वंश, लक्ष्मी और प्राणों तक को नष्ट करके ही समाप्त होता है।

शिक्षा—अत्याचारी शासक का प्रजा के विरोध के कारण सर्वस्व नष्ट हो जाता है।

The fire-like revolution which appears due to the torturing of the public, burns the family, wealth and also the life of the Ruler completely.

Message—*All things of the Ruler are destroyed by the revolution led by the tortured people of his country.*

शासकों की उन्नति या नाश

लोकानुग्रहकर्त्तारः प्रवर्धन्ते नरेश्वराः।
लोकानां संक्षयाच्चैव क्षयं यान्ति न संशयः।।
(पञ्च./मित्रभेद./169)

जो शासक प्रजाओं पर दयालु होते हैं, वे ही उन्नति करते हैं, परन्तु उनका नाश करने वाले स्वयं नष्ट हो जाते है, इसमें तनिक भी संदेह नहीं है।

शिक्षा—जनहितकारी शासक ही उन्नति करते हैं, अन्य नहीं।

The Rulers, who are kind to their public, make their progress, but those who are harmful for the public, get their end.

Message—Only the Rulers, committed for the public well-being, get their glory.

कल्याणकारी शासक

राजा सत्यं च धर्मश्च राजा कुलवतां कुलम्।
राजा माता पिता चैव राजा हितकरो नृणाम्।।
(रामा./अयोध्या/67/34)

शासक सत्यस्वरूप, धर्मस्वरूप और उत्तम कुल वालों का आश्रयदाता है। वह मनुष्यों के लिए पिता और माता के समान तथा देशवासियों के लिए हितकारी होता है।

शिक्षा–श्रेष्ठ शासक प्रजा का सब प्रकार से हितैषी होता है।

The Ruler intends his patronage and shelter to all citizens on the path of truth, Dharma and virtues.

***Message**—A good Ruler is a well-wisher of his subjects in all aspects.*

प्रजा को आनंदित करने वाला शासक

राजाऽस्य जगतो हेतुः, वृद्धेर्वृद्धाभिसम्मतः।
नयनानन्दजनकः शशांङ्क इव तोयधेः।।
(विदुरनीति / 8 / 22)

अनुभवी विद्वानों से स्वीकृत किया गया शासक प्राणियों की उन्नति में सहायक होता है। जैसे चंद्रमा को देखकर सागर प्रसन्न—सा होता हुआ उछलता है, उसी प्रकार उत्तम शासक प्रजा की आँखों में आनंद उत्पन्न कर देता है।

शिक्षा—उत्तम शासक के शासन में प्रजा उन्नति और उसके दर्शनमात्र से आनंद का अनुभव करती है।

The Ruler, approved by experienced scholars, helps in the progress of the public. As the sea finding the rising moon increases its waves as a mark of joy, in the same way, the good Ruler brings happiness to the eyes of his citizens.

Message—In the rule of a good Ruler, public makes its progress and feels happy to see him.

Power of Punitive Action
(1-7)

राजा की दंडनीति की महत्ता

क्षमा शत्रौ च मित्रे च यतीनामेव भूषणम्।
अपराधिषु सत्त्वेषु नृपाणां सैव दूषणम्।।
(हितोप.सुहृद्भेदः / 180)

शत्रु या मित्र के अपराधों पर की गई क्षमा साधु–सन्तों की शोभा
बढ़ा देती है परन्तु यदि शासक अपराधी व्यक्तियों को क्षमा करते है,
तो यह उनकी असीम त्रुटि हो जाती है।
शिक्षा—महात्मा क्षमाशील हों तो ठीक है परन्तु शासक को दुष्टों के
प्रति क्षमाशील नहीं होना चाहिए।

To excuse a friend or an enemy is a hallmark
of a saint, but pardoning the criminals is a blunder of a Ruler.
Message—Pardoning is a virtue for saints, but it is a great blunder of
the Ruler if he pardons the criminals.

दण्डनीति कब उत्तम

चतुर्थोपायसाध्ये तु रिपौ सान्त्वमपक्रिया।
स्वेद्यमामज्वरं प्राज्ञः कोऽम्भसा परिषिञ्चति।।
(पञ्च./काको./26)

जो शत्रु दण्डनीति से वश में करने योग्य है, सामनीति का प्रयोग उसके लिए ठीक नहीं है, जैसे पसीना देने योग्य ज्वर वाले व्यक्ति को ठण्डे पानी से नहीं सींचा जाता।

शिक्षा—जो सामादि नीतियों की परवाह नहीं करता, ऐसे शत्रु को दण्डनीति से ही वश में करना चाहिए।

The enemy who deserves punishment cannot be engaged through conciliation, in the same way, as the person suffering from fever to be treated by sweating, is not wetted with cold water.

Message—*The enemy who ignores the policy of conciliation should be treated with punishment.*

प्रशासन में दण्डशक्ति का स्थान

नादण्डः क्षत्रियो भाति नादण्डो भूमिमश्नुते।
नादण्डस्य प्रजा राजा सुखं विन्दति भारत।
(महाभा./शान्ति./14/14)

हे भरतवंशज, बिना दण्डशक्ति के शासक (क्षत्रिय) की कोई शोभा नहीं होती और वह अपने राष्ट्र का प्रशासन भी नहीं चला सकता। दण्डशक्ति के बिना शासक न तो स्वयं सुख प्राप्त कर सकता है और न ही उसकी प्रजा।

शिक्षा—दण्डशक्ति ही राष्ट्र का प्रशासन चलाने का मुख्य साधन है।

Without punitive power, the Ruler has no grace and he also cannot enjoy the administration. The King, who is without this power, he and his subjects cannot achieve happiness.

Message—*The power of punitive action is the main force behind good administration in a country.*

शासक द्वारा स्वेच्छाचारियों को दण्ड

ये रूपाणि प्रतिमुञ्चमानाऽअसुराः सन्तः स्वधया चरन्ति।
परापुरो निपुरो ये भरन्त्यग्निष्टाँल्लोकात् प्रणुदात्यस्मात्।।
(यजु./2./30)

जो दुष्ट लोग अपने रूप बदल–बदलकर राष्ट्र नियमों का उल्लंघन करते हुए स्वेच्छाचारी हैं और दूसरे के धनदौलत तथा प्राणों को हरते हैं, उन्हें शासक राष्ट्र से पृथक् कर दे।

शिक्षा–पापी लोगों को दण्ड द्वारा सुधारना, नष्ट करना अथवा देश निकाला दे देना चाहिए।

The rogues, who in disquise disobey the national policy, are autocratic, self-styled, take lives of others and should be expelled from the Nation.

Message—*Criminals should either be reformed by punishment, killed, or expelled from the Nation.*

पथभ्रष्ट कर्मचारियों को दण्ड

राष्ट्रेषु रक्षाधिकृतान् सामन्तांश्चैव चोदितान्।
अभ्याघातेषु मध्यस्थान् शिष्याच्चौरानिव द्रुतम्।।
(मनु. / 9 / 272)

जिन्हें नागरिक सुरक्षा पर तथा जिन्हें राष्ट्र की सीमाओं की रक्षा के लिए नियुक्त किया गया हो, यदि ऐसे कर्मचारी चोरी या डकैती की योजनाओं में व्यस्त हों तो शासक द्वारा उन्हें उसी प्रकार दण्ड देना चाहिए जैसे चोरों को दण्डित किया जाता है।

शिक्षा–सुरक्षाकर्मी भी यदि अपराधी हो, तो उचित दण्ड का पात्र होता है।

Those who are given the duties of public safety and, who are entrusted to guard boundaries of the Nation, if found involved in planning thefts or robbing the country, must be punished like robbers by the Ruler.
Message—*Strict punishment should be given to those officers who are responsible for public safety but rob the country.*

शासक विरोधियों को शासक द्वारा दण्ड

राज्ञः कोषहर्तृंश्च प्रतिकूलेषु स्थितान्।
घातयेद् विविधैर्दण्डैररीणां चोपजापकान्।।
(मनु./8/275)

जो लोग खजाने को लूटते और शत्रु समान हैं तथा शत्रुओं को राष्ट्र की गुप्त सूचनाएँ देते हैं, उन सबको भिन्न—भिन्न प्रकार के दण्ड से दण्डित करना शासक का कर्त्तव्य है।
शिक्षा—राष्ट्रविरोधी क्रियाएँ करने वालों को उचित दण्ड देना चाहिए।

Those who plunder the wealth of the treasury, are like enemies, or leak secrets to an enemy, all such persons should be punished in different ways by the Ruler.
Message—*Those who are involved in anti-national activities deserve strict punishment.*

राज्य की क्षति करने वालों को दण्ड

राज्ञः प्रख्यातभाण्डानि प्रतिषिद्धानि यानि च।
तानि निर्हरतो लोभात् सर्वहारं हरेन्नृपः।।
(मनु./8/399)

राष्ट्र के प्रसिद्ध आय के भंडार जो जनता के लिए प्रतिषिद्ध हैं, यदि कोई व्यक्ति उन साधनों में से लोभवश धन हर लेता है, तो शासक का कर्त्तव्य है कि वह उस चोर की संपूर्ण संपत्ति जब्त कर ले।
शिक्षा—राष्ट्र के आय-साधनों से धन हरने वाले की संपूर्ण संपत्ति जब्त कर लेनी चाहिए।

If a person steals wealth from the famous resources of national income and for which the public is prohibited, his entire wealth should be confiscated.
Message—*His whole wealth should be confiscated, who steals wealth from the national income resources.*

Valour and Sacrifice (1-3)

बल प्रयोग किस पर करें

गण्डस्थलेषु मदवारिषु बद्धराग—मत्तभ्रमद्भ्रमरपादतलाहतोऽपि।
कोपं न गच्छति नितान्तबलोऽपि नाग—
स्तुल्ये बले तु बलवान् परिकोपमेति।।

(पञ्च./मित्रभे./134)

जो भौंरे हाथी के गण्डस्थलों से बहते मद को चाहते हैं, अति बलवान हाथी उनके पैरों के प्रहारों को सहन करता हुआ भी उन पर क्रोध नहीं करता क्योंकि बलवान लोग समान बलवाले पर ही क्रोध दिखाते हैं, दुर्बलों पर नहीं।

शिक्षा—बलवान समान बलवालों पर ही अपनी वीरता प्रकट किया करते हैं, दुर्बलों पर नहीं।

Even a powerful elephant, feeling the blows of the feet of black bees, that desire the rut flowing from the cheeks of the elephants, never becomes angry, because powerful persons only express their anger on those, who are equally powerful.

Message—Powerful persons show their valour only against those, who are equally powerful.

मंगलकारी शौर्यवान

ललाटदेशे रूधिरं स्त्रवत्तु शूरस्य यस्य प्रविशेद् वक्त्रे।
तत् सोमपानेन समं भवेत्तु संग्रामयज्ञे विधिवत् प्रदिष्टम्।।

(पञ्च. / मित्रभेद. / 234)

जिस वीर पुरूष के मस्तक से बहता हुआ खून उसके मुख में जा पहुँचता है, वह तो यज्ञ–सदृश युद्ध में अन्य यज्ञों में पिये सोमरस के पान के समान मंगलकारी होता है।

शिक्षा–युद्ध में वीरता दिखाने वाले का जो खून बहता है, वह वीर पुरूष के लिए मंगलमय माना जाता है।

If the blood flowing from the forehead of a brave fellow reaches his mouth, it is taken in the sacrifice of war, like the drinking of Soma as (nectar).

Message—*The blood which flows in war shows the valour and becomes auspicious for the brave hearts.*

कायरता के मार्ग

अयुद्धमनवस्थानं संग्रामे च पलायनम्।
भीरुणामसतां मार्गो नैष दशार्हसेवितः।।
(द्रोणपर्व 110–98)

युद्ध न करना, युद्ध में डटे न रहना, युद्धभूमि से भागना, यह कायरों तथा अधम पुरुषों का मार्ग है।

शिक्षा—कायर वह है जो विपत्ति के समय पीठ दिखाए।

Staying away from battle, detachment from battle and absconding from battlefield, these are the ways of cowards, corrupt and unethical persons.

Message—*A coward has a tendency to abscond from adverse situations and avoid challenges in all walks of life.*

United We Stand
(1-6)

असंगठित का पतन अवश्यम्भावी

न वै तेषां स्वदते पथ्यभुक्तं योगक्षेमं कल्पते नैव तेषाम्।
भिन्नानां वै मनुजेन्द्र परायणं न विद्यते किञ्चिदन्यत्
विनाशात्।।
(वि.नी./4/57)

हे महाराज धृतराष्ट्र, जिन लोगों का संगठन नष्ट हो जाता है, खाई हुई उत्तम वस्तुएं भी उन्हें स्वाद नहीं लगतीं। वे न तो कुछ संचित कर सकते हैं और न ही संचित वस्तुओं को सुरक्षित रख सकते हैं। ऐसे लोगों का परिणाम विनाश के सिवा अन्य कुछ नहीं अर्थात वे अवश्य ही नष्ट हो जाते हैं।

शिक्षा—असंगठित हो जाने वाले मानव सर्वथा नष्ट हो जाते हैं।

O the king Dhrtarashtra, the persons, whose unity ends, they cannot enjoy the taste of the most delicious things. They neither can earn anything nor can save earned ones. At the end, they have to face their complete destruction.

Message—Divided and unorganized persons face complete destruction.

रक्त संबंधों में परस्पर एकता

परैः परिभवे प्राप्ते वयं पञ्चोत्तरं शतम्।
परस्परविरोधे तु वयं पञ्च शतं तु ते।।
(महाभा./वन./243/4)

यदि हम संबंधियों को कोई दूसरा तिरस्कार करता है, तो परस्पर विरोधी होते हुए भी हम मिलकर (पांडव और कौरव) एक सौ पाँच हो जाते हैं, परन्तु आपसी विरोध में तो हम पांडव केवल पाँच और कौरव सौ हैं।

शिक्षा—चाहे परस्पर विरोध भी हो तो भी संबंधियों को दूसरे से युद्ध करते समय मिल जाना चाहिए।

When any other person insults us, we (Pandavas and Kauravas) are one hundred and five, but in our mutual differences, we (Pandavas) are five and they (Kauravas) are hundred.

Message—*In spite of mutual conflict, all relatives should fight together against the external enemy.*

संगठन में बल

तन्तवोऽव्यायिता नित्यं तनवो बहुलाः समाः।
बहून् बहुत्वादायासान् सहन्तीत्युपमा सताम्।।
(वि.नी./4/59)

छोटे–छोटे दुर्बल–तिनके भी जब इकट्ठे होकर एक रूप हो जाते हैं तो वे बड़े–बड़े कार्य कर जाते हैं। इसी प्रकार सज्जन मिलकर बड़े–बड़े संकटों को भी सह लेते हैं।

शिक्षा—संगठन की शक्ति दुर्बलों को भी बलवान बना देती है।

Even thin and tiny straws, when united in the form of a rope, can do wonders. Similarly, when people are united, they can win over bigger challenges smoothly.

Message—*The power of unity makes even the weak, stronger.*

संगठन में शक्ति

भिन्नानामतुलो नाशः क्षिप्रमेव प्रवर्तते।
(आदिपर्व 29/2)

जिनमें आपस में फूट पैदा हो जाती है, उनका शीघ्र ही विनाश हो जाता है।

शिक्षा—संगठन में शक्ति है।

Absolute ruin overtakes very soon those, who break away from each other.

Message—*Unity is strength.*

एकता की शक्ति

सहंता हि महाबलाः
(कर्णपर्व 34.7)

एकता में ही बल है।
Unity is strength.

संगठन से दुर्बल की जीत

सर्वथा संहतैरेव दुर्बलैर्बलवानपि।
अमित्रः शक्यते हन्तुं मधुहा भ्रमरैरिव।।
(वनपर्व 33/70)

जैसे मधुमक्खियां संगठित होकर मधु निकालने वाले को मार डालती हैं उसी प्रकार सर्वथा संगठित रहने वाले दुर्बल मनुष्यों द्वारा बलवान् शत्रु को भी मारा जा सकता है।

शिक्षा—संगठन से दुर्बलता को दूर किया जा सकता है।

Just as numerous bees together attack and kill a person who takes out honey, similarly, weak but united people can kill a mighty enemy.

Message—*Unity is such a strength that a mighty enemy can be defeated with weak forces by getting united.*

Code of Conduct
(1-22)

विपदा लाने वाले कार्य

न विश्वासाज्जातु परस्य गेहे गच्छेन्नरश्चेतयानो विकाले।
न चत्वरे निशि तिष्ठेन्निगूढो न राजकाम्यां योषितं प्रार्थयीत।।
(वि.नी./5/28)

मनुष्य को किसी बात को जानने की कामना से असमय में किसी दूसरे के घर में विश्वासपूर्वक नहीं जाना चाहिए। रात के समय चबूतरे पर छिपकर नहीं बैठना चाहिए और ऐसी स्त्री की कामना नहीं करनी चाहिए जिसकी कामना शासक करता हो।

शिक्षा—जिन कार्यों को करने से हानि उठानी पड़े, उन्हें नहीं करना चाहिए।

A man should not go untimely to the house of another person with a hidden intent to know anything. During the night, one should not sit hidden on a platform and such a lady should not be desired, who is desired by a Ruler.

Message—Harmful acts should not be done.

किनके मार्ग में न आयें

चक्रिणो दशमीस्थस्य रोगिणो भारिणः स्त्रियः।
स्नातकस्य च राज्ञश्च पन्था देवो वरस्य च।।
(मनु./2/138)

पहियों से चलने वाले रथों, वृद्धजन, रोगी, भारवाहक, नारी स्नातक, शासक और वर के जाने के लिए रास्ता छोड़ देना चाहिए।
शिक्षा–बुद्धिमान को चाहिए कि उपरोक्त व्यक्तियों को आता देख कर उन्हें रास्ता दे दें।

One should leave the way for vehicles, elderlies, patients, load carriers, scholars, women, Ruler and for a bridegroom.
Message—*It is better to leave the path for suitable persons.*

शासक के दुर्व्यसन

चत्वार्याहुर्नरश्रेष्ठ व्यसनानि महिक्षिताम्।
मृगयां पानमक्षांश्च ग्राम्ये चैवातिरक्तताम्।।

(महाभा. / सभा. / 68 / 20)

हे श्रेष्ठ मानव, शासकों में चार बुरे व्यसन माने जाते हैं। प्रथम शिकार करना, दूसरा मद्यपान, तीसरा द्युतक्रीड़ा और चौथा ग्राम्य (निष्प्रयोज्य) बातों में व्यस्त रहना।

शिक्षा-वही शासक श्रेष्ठ है, जो शिकार, मद्यपान, द्युतक्रीड़ा और व्यर्थ की बातों से बचा रहता है।

O divine soul, these are four bad addictions seen in Rulers; hunting, liquor, gambling and being busy in non productive talks.

Message—*Only that Ruler deserves praise, who refrains from hunting, drinking, gambling and non-productive talks.*

धीरवान सदैव न्यायप्रिय

निन्दन्तु नीतिनिपुणा यदि वा स्तुवन्तु,
लक्ष्मीः समाविशतु गच्छतु वा यथेष्टम्।
अद्यैव वा मरणमस्तु युगान्तरे वा,
न्याय्यात् पथः प्रविचलन्ति पदं न धीराः।।
(भर्तृ / नीतिशतकम् ./ 74)

चाहे नीति-निपुण लोग निन्दा करें या स्तुति, चाहे धनदौलत आए या जाए और चाहे आज ही मृत्यु हो जाए या सौ वर्षों के बाद, तो भी धीरवान न्याय के मार्ग से एक कदम भी पीछे नहीं हटते।
शिक्षा–धीरवान न्याय के लिए सर्वस्व बलिदान कर देते हैं।

Whether the persons expert in policy condemn or praise, whether wealth comes or goes and whether death takes place today or after hundred years, even then, the patient persons never deviate from the just and righteous way.

Message—Patience is the key of all virtues.

मनुष्य रूप में पशु

येषां न विद्या न तपो न दानम्, ज्ञानं न शीलं न गुणो न धर्मः।
ते मर्त्यलोके भुवि भारभूताः, मनुष्यरूपेण मृगाश्चरन्ति।।
(भर्तृ/नीतिशतकम्/12)

जो विद्या, तप, दान, ज्ञान, उत्तम स्वभाव तथा किसी भी गुण और धर्म से सम्पन्न नहीं हैं, वे इस मृत्युलोक में भूमि पर केवल भार ही हैं और मनुष्य के शरीर में सर्वथा पशुरूप में विचरण कर रहे हैं।

शिक्षा—गुणों और शुभकर्मों से हीन मनुष्य पशुतुल्य होते हैं।

Those who do not possess education, sacrifice, charity, knowledge, good nature and any good quality, they are only burden on this earth and roam around being animals in the human bodies.

Message—The persons deprived of good values and good deeds are like animals.

मूल्यवान संपदा का विनाश कब

लुब्धस्य नश्यति यशः पिशुनस्य मैत्री,
नष्टक्रियस्य कुलमर्थपरस्य धर्मः ।
विद्याफलं व्यसनिनः कृपणस्य सौख्यम्,
राज्यं प्रमत्तसचिवस्य नराधिपस्य ।।
(पञ्च. / काको. / 210)

लोभी का यश, चुगलखोर की मित्रता, कर्म से हीन का वंश, धन के कमाने में व्यस्त का धर्म, दुर्व्यसनों वाले की विद्या का लाभ, कंजूस का सुख और लापरवाह मंत्री वाले शासक का राज्य नष्ट हो जाता है ।

शिक्षा–दुर्गुणों के कारण ही ऐश्वर्यों का नाश होता है।

The following persons face the destruction of their precious things as good fame to the greedy, friendship with hypocrites, clan to the idle, righteousness to the money-minded, knowledge to the addict, happiness to the miser, casual and negligent minister to the King, bring only debacle.

Message—Goodness of life turns into debacle by inauspicious things.

आक्षेप न करने योग्य

हीनाङ्गान् अतिरिक्ताङ्गान्
विद्याहीनान् वयोधिकान्।
रूपद्रव्य-विहीनांश्च जातिहीनांश्च नाक्षिपेत्।।
(मनु./4/14)

कम अंग वालों, अधिक अंग वालों, विद्या से हीनों, आयु में बड़े लोगों, सौन्दर्य तथा धन से हीन व्यक्तियों तथा छोटी जाति के मनुष्यों को बुरा-भला नहीं कहना चाहिए अर्थात् उनकी खिल्ली नहीं उड़ानी चाहिए।

शिक्षा-श्रेष्ठ मनुष्य को किसी की प्राकृतिक त्रुटि को देख कर उसका उपहास नहीं करना चाहिए।

A gentleman should not say any pinching words for the following persons—those who have less organs, who have more organs, who are illiterate, who are elders, who are deprived of beauty and riches and who are of low class.

Message—A gentleman should not make jokes about anybody who has some disadvantages in life since birth.

विद्याहीन की शोभा नहीं

रूपयौवनसम्पन्ना विशालकुलसम्भवाः ।
विद्याहीना न शोभन्ते निर्गन्धा इव किंशुकाः ।।
(चाणक्यनीतिदर्पण / 3 / 8)

चाहे कोई भी व्यक्ति सौन्दर्य और यौवन से भी संपन्न हो और चाहे उत्तम कुल में भी उसका जन्म हुआ हो तथापि विद्या से हीन की शोभा उसी प्रकार नहीं होती, जैसे सुंदर ढ़ाक के फूलों का कोई मूल्य नहीं होता।

शिक्षा—विद्या द्वारा ही मनुष्य शोभा पाता है।

Despite being beautiful and young, and born in a high clan, a man cannot be respected without knowledge, in the same way, as the beautiful flowers of Dhaka tree have no value.

Message—A man is respected only by possessing knowledge.

शासक का निर्व्यसनीय होना

मृगयाऽक्षो दिवास्वप्नः परिवादः स्त्रियो मदः।
तौर्यत्रिकं वृथाऽटया च कामजो दशको गणः।।
(मनु./सप्तम अध्याय/7)

1. शिकार करना, 2. जुआ खेलना, 3. दिन में सोना, 4. किसी के दोषों के वर्णन में रमना, 5. नई-नई स्त्रियों से सम्भोग करना, 6. नशे में चूर रहना, 7. नाच देखने में लगे रहना, 8. गीता सुनने में लगे रहना, 9. वाद्यवादन सुनने में लगे रहना और 10. व्यर्थ भ्रमण में लगे रहना, यह काम से उत्पन्न होने वाले दस व्यसनों का समूह है।

शिक्षा—राजा को उपरोक्त दस व्यसनों से दूरी रखना श्रेयस्कर है।

Hunting, gambling, sleeping in the daytime, finding faults of others, intercourse with different women, being intoxicated, spending too much time watching dances, listening preaches and musical instruments endlessly and roaming aimlessly; these are ill traits that emanates from Kama.

Message—*A Ruler must avoid aforesaid follies.*

वाणी का घाव अपूरणीय

रोहते सायकैर्विद्धं वनं परशुना हतम्।
वाचा दुरुक्तं बीभत्सं न संरोहति वाक्क्षतम्।।
(वि.नी. / 2 / 78)

तीर से किया घाव भर जाता है, कुल्हाड़े से काटा हुआ जंगल हरा—भरा हो जाता है परन्तु वाणी से जो भयंकर कटुवचन बोला जाता है, उससे उत्पन्न घाव नहीं भरता।

शिक्षा—कठोर वचन जीवन भर सुनने वाले को पीड़ित करते रहते हैं।

A wound caused by an arrow can be treated, and the forest cut with an axe becomes green again, but the wounds created by bitter and dreadful words can never be healed.

Message—*Avoid speaking harsh words as the wounds caused by them is incurable.*

मूल्यवान वस्तुओं के विनाश के कारण

दुर्मन्त्रान्नृपतिर्विनश्यति यतिः सङ्गात् सुतो लालनात्,
विप्रोऽनध्ययनात्कुलं कुतनया-च्छीलं खलोपासनात्।
मैत्री चाप्रणयात् समृद्धिरनयात् स्नेहः प्रवासाश्रयात्।
स्त्री गर्वादनपेक्षणादपि कृषि-स्त्यागात् प्रमादाद्धनम्।।

(पञ्च./मित्रभे./180)

शासक का नाश प्रतिकूल मंत्रणा से, संन्यासी या ब्रह्मचारी का पतन वासनापूर्ण संग से, पुत्र में दुर्गुणों का उदय बहुत लाड़-प्यार से, ब्राह्मण का पतन स्वाध्याय न करने से, वंश का नाश कुपुत्र से, उत्तम स्वभाव का विनाश दुष्टों की संगति से, प्रेम न दिखाने से मित्रता का नाश, अन्धाधुन्ध व्यय करने से समृद्धि का नाश, विदेश में रह जाने से देशस्थों से प्यार का नाश, अभिमान करने से पत्नी की दुर्दशा, देखभाल न करने से खेती का नाश, त्याग तथा लापरवाही और प्रमाद (आलस्य) से धन का नाश हो जाता है।

शिक्षा—नाश के कारणों से बचने वाला सुखी और समृद्ध होता है।

By bad consultation the Ruler, by lustful company a saint or a Brahmachari, by showing too much love to a son a parent, by ignoring study a Brahmana, by a spoiled son a family, by a bad company good habits, by want of love friendship, by bad policy prosperity, by living in foreign country love of own men, due to arrogance the wife, by carelessness the agriculture and by wastage and laziness riches, face downfall.

Message—One should avoid reasons for one's downfalls.

स्त्रियों का आदर

यत्र नार्यस्तु पूज्यन्ते रमन्ते तत्र देवताः।
यत्रैतास् तु न पूज्यन्ते सर्वास् तत्राऽफलाः क्रियाः।।
(मनु./तृतीय अध्याय/56)

जहाँ स्त्रियाँ पूजित (सत्कृत) होती हैं वहाँ देवताएँ रमती हैं (प्रसन्न होती हैं)। जहाँ ये (स्त्रियाँ) पूजित नहीं होती हैं वहाँ सभी यज्ञादि क्रिया निष्फल होती हैं।

शिक्षा—स्त्रियों का आदर करने से देवता प्रसन्न होते हैं और अनादर से सत्कार्यों (पुण्य) का लाभ नहीं मिलता।

Where women are revered, God showers his blessings and feels delighted, where women are not venerated, even all spiritual and benevolent acts go in vain.

Message—*Women should be revered to get blessings of God else even benevolent deeds do not fructify.*

मानसिक स्वास्थ्य

माऽऽत्मानमानमवन्यथाः।
(आदिपर्व 74 / 26)

स्वयं की अवहेलना न करें।

Never degrade yourself.

संसार चक्र का ज्ञाता कौन

लोकपर्यायवृत्तान्तं प्राज्ञो जानाति नेतरः।
(उद्यो. पर्व 38.33)

संसार–चक्र के वृत्तान्त को केवल विद्वान पुरुष ही जानते हैं, दूसरे लोग नहीं।

शिक्षा–संसार को जानने के लिए विद्वान बनें।

Only a wise person knows the saga of the cycle of universe, else no one does.

Message—*To understand the saga of this world, one must acquire wisdom.*

कृतघ्नता मनुष्य का स्वभाव

षडेते ह्यवमन्यन्ते नित्यं पूर्वोपकारिणम्।
आचार्यं शिक्षिताः शिष्याः कृतदाराश्च मातरम्॥
नारीं विगतकामास्तु कृतार्थाश्च प्रयोजकम्।
नदीं निस्तीर्णकान्तारा आतुराश्च चिकित्सकम्॥

(उद्यो. पर्व 33, 87–88)

ये छः प्रायः सदा अपने पूर्व उपकारी का सम्मान नहीं करते हैं–शिक्षा समाप्त हो जाने पर शिष्य आचार्य का, विवाहित बेटे माता का, कामवासना की शान्ति हो जाने पर पुरुष स्त्री का, कृतकार्य मनुष्य सहायक का, नदी की दुर्गम धारा पार कर लेने पर पुरुष नाव का तथा रोगी रोग छूटने पर वैद्य का।

शिक्षा–प्रयोजन समाप्त हो जाने के बाद उपकारी को याद न रखना, साधारणतया मनुष्य का स्वभाव है।

These six always disregard their previous obligations: the pupil after completion of studies, married men their mother, a man after getting sexual satisfaction from a woman, a boat after crossing the river and a patient their doctor after they are cured. Those who have achieved their object disregard the helper.

***Message**—One should not be a ungrateful soul in life.*

वाणी की विशेषतायें

अव्याहृतं व्याहृताच्छ्रेय आहुः, सत्यं वदेद् व्याहुतं तद् द्वितीयम्।
प्रियं वदेद् व्याहुतं तत् तृतीयं धर्मं वदेद् व्याहुतं तच्चतुर्थम्।।
(उद्योग पर्व 36/12)

बोलने से न बोलना अच्छा बताया गया है, (वाणी की प्रथम विशेषता) सत्य बोलना, वाणी की दूसरी विशेषता है अर्थात् मौन की अपेक्षा भी अधिक लाभप्रद है। (सत्य और) प्रिय बोलना वाणी की तीसरी विशेषता है। यदि सत्य और प्रिय के साथ ही धर्म सम्मत भी कहा जाय, तो वह वचन की चौथी विशेषता है।

शिक्षा–वाणी ऐसी बोलें जो शुचि, प्रिय और न्यायसंगत हो।

Not speaking at all is better than speaking. Secondly, if one may speak, he should speak the truth. Thirdly, whatever is spoken, it should be the pleasant speech. If one speaks truth—pleasant and righteous—it is the best version of all.

Message—*Either don't speak, or if you chose to speak, it should be true, righteous and pleasant to others.*

कटु वचन का प्रभाव

परुषं मर्मकृन्तनम्।
(आदिपर्व 79/13)

कटुवचन मर्मस्थल को विदीर्ण करते हैं।

Harsh words pierce the heart.

विद्वान के गुण

क्षिप्रं विजानाति चिरं शृणोति विज्ञाय चार्थं भजते न कामात्।
नासम्पृष्टो व्युपयुङ्क्ते परार्थे तत् प्रज्ञानं प्रथमं पण्डितस्य।।
(उद्योग पर्व 33/22)

विद्वान् पुरुष किसी विषय को देर तक सुनता है; किन्तु शीघ्र ही समझ लेता है, समझकर कर्त्तव्यबुद्धि से पुरुषार्थ में प्रवृत्त होता है—कामना से नहीं, बिना पूछे दूसरे के विषय में व्यर्थ कोई बात नहीं करता। उसका यह स्वभाव विद्वान् की मुख्य पहचान है।

शिक्षा—विद्वान व्यक्ति अन्यथा ही दूसरे के विषय में अनर्गल वार्तालाप नहीं करता।

A wise man understands quickly, listens patiently and after understanding, follows the objective with sincerity and commitment, but not for the sake of passion. Such a man does not engage himself in other's affairs without being asked.

Message—*A wise man is sincere towards his commitments.*

शाश्वतम्

विद्यते नेह शाश्वतम्।
(भीष्म पर्व 8.21)

यहाँ कुछ भी सदा स्थिर रहने वाला नहीं है।

Nothing is perpetual in this world.

पृथ्वी के छह सुख

आरोग्यमानृण्यमविप्रवासः सद्भिर्मनुष्यैः सह सम्प्रयोगः।
स्व प्रत्यया वृत्तिरभीतवासः, षड् जीवलोकस्य सुखानि।।
(उद्यो. पर्व 33.89)

निरोग रहना, ऋणी न होना, घर से दूर न रहना, अच्छे लोगों के साथ मेल होना, अपनी वृत्ति से जीविका चलाना और निर्भय होकर रहना—छ: मनुष्य लोक के सुख हैं।

शिक्षा—रोगहीन, ऋणमुक्त, गृह सामीप्य, उच्च मित्र, आत्मनिर्भरता तथा भयहीन होना, ये पृथ्वी लोक के सुख हैं।

These six are (the causes of) happiness in the world: to be free from ailments, free from financial indebtedness, not living away from one's home, coming in contact with good people, depending on one's own livelihood and living fearlessly.

Message—*Health, no financial indebtedness, staying at one's home, friendship of noble, self dependence and fearlessness are virtues of this world.*

भावनाहीन को सुख कहाँ?

न चाभावयतः शान्तिरशान्तस्यकुतः सुखम्।
(भीष्म पर्व 26.66)

भावनाहीन मनुष्य को शान्ति नहीं मिलती और शान्ति रहित मनुष्य को सुख कैसे मिल सकता है।

शिक्षा—मनुष्य का भावनात्मक पक्ष सुख और शांति का मार्ग प्रशस्त करता है।

A person who lacks sentiments or emotions does not get peace. And he who has no peace does not get happiness.

Message—For peace and happiness, one should carry the quality of understanding sentiments.

राजा के सम्मुख आचरण

आदिष्टः प्रदिष्टायां भूमावनुज्ञातः प्रविशेत्।।
उपविशेच्च पार्श्वतः सनिकृष्टः विप्रकृष्टः वरासनम्।।
विगृह्य कथनमसभ्यमप्रत्यक्षमश्रद्धेयमनृतं च वाक्य मुच्चैरनर्मणि
हासं वातष्ठीवने च शब्दवती न कुर्यात्।।

(महाभारत खण्ड / 14 अ. / 13, 14, 15)

राजा की अनुमति से किसी अधिकार पद पर नियुक्त हुआ—हुआ कार्य करे। तथा राजा के समीप इधर—उधर (सामने नहीं), न बहुत दूर, न अति समीप, श्रेष्ठ उचित आसन पर बैठे। आक्षेपपूर्वक, असभ्य, परोक्ष—विषयक, अविश्वसनीय तथा असत्य कथन कभी न करे। बेमौके ऊँचे कभी न हँसे, शब्द के साथ डकार या खकार कभी न लेवे।

शिक्षा—राजा के सामने नियत तथा शिष्ट आचरण अपरिहार्य है।

One should work as per the orders of the King on an appointed post. One should not sit in front of the King but sideways, neither too far nor too close; always sit on an appropriate seat. Never put allegations, or name unpleasant, implied, unrealistic or false remarks. Never laugh without reason, never burp or cough before the King.

Message—Behave like a gentleman before the King.